公認アスレティックトレーナー専門科目テキスト

検査・測定と評価

編集・執筆者一覧

編　集

片寄　正樹　　（札幌医科大学）

執　筆　（掲載順）

片寄　正樹　　（札幌医科大学）

板倉　尚子　　（日本女子体育大学）

坂本　雅昭　　（群馬大学）

杉山　ちなみ　（株式会社リボンプロジェクト）

日本体育協会のスポーツ指導者資格の詳細については，日本体育協会ホームページをご参照ください．
http://www.japan-sports.or.jp/coach/index.html

発行に寄せて

　このワークブックは，財団法人日本体育協会公認アスレティックトレーナーの資格取得を目指す皆さんが，アスレティックトレーナーとして備えるべき知識を習得するための教材として，自宅学習の充実を図るために作成したものです．

　アスレティックトレーナーとして必要とされる知識や技能は広い分野に及ぶため，限られた講習時間ですべてを身につけることは困難であり，自宅学習が必要不可欠です．

　そこで，このワークブックではテキストをもとにして各自でその内容について理解を深められるよう，テスト形式で構成していますので，テキストと併せて繰り返し学習することができます．ぜひ有効にご活用ください．

　競技者のパフォーマンスを高めるためのサポーターとして，主に競技特性に応じた技術面を担当するコーチ，そして医療を担当するスポーツドクターとともに，コンディショニングの専門家としてのアスレティックトレーナーに対する期待はますます高まってきています．

　そしてアスレティックトレーナーには，競技者を中心にコーチ，スポーツドクターや他のスタッフとの調整役も求められ，コミュニケーションスキルも必要となります．この意味で知識，技能を習得することはもとより，さまざまな役割を担う多くの関係者から信頼されるようヒューマニティを磨く努力を怠らないでください．自身と誇りを持って使命を全うするアスレティックトレーナーが多数誕生し，活躍してくれることを期待しております．

財団法人日本体育協会　指導者育成専門委員会
アスレティックトレーナー部会長　河野一郎

　このワークブックは，専門科目テキスト第1巻の「アスレティックトレーナーの役割」と第9巻の「スポーツと栄養」を除いて，基本的にテキストに対応した形で分冊になっています．ただし，第2巻の「運動器の解剖と機能」と第3巻の「スポーツ外傷・障害の基礎知識」は併せて1分冊に，またテキストのない「スポーツ科学」についてはワークブックを作成し，自宅学習を補助するための原稿を新たに書き起こして掲載しています．

序　文

　このワークブックは，財団法人日本体育協会公認『アスレティックトレーナー専門科目テキスト』第5巻「検査・測定と評価」の学習用として作成しました．

　検査・測定と評価は，スポーツ外傷・障害の予防や応急処置，また外傷発生から競技に戻るためのアスレティックリハビリテーション，そして競技者のコンディショニングなど，アスレティックトレーナーのあらゆる業務を遂行するに先立ち，競技者の状態を適確に掌握するためのプロセスです．

　検査・測定と評価を理解するには，その前提として「運動器の解剖と機能」と「スポーツ外傷・障害」の基礎知識が不可欠となりますので，これら基礎知識に関するテキストおよびワークブックと併せて学習することで，本巻による自宅学習が充実するものと考えています．

　「A.アスレティックトレーナーに必要な評価」では，検査・測定と評価に必要な基本能力を確認するとともに，その基本的プロセスについて学習します．

　「B.アスレティックトレーナーに必要な検査測定の方法」では，検査・測定の基本手法について，その意義と具体的方法について学習します．検査・測定と評価の意義については，医学的知識やスポーツ科学的知識を基盤に説明できるように学習を進めましょう．

　「C.スポーツ動作の観察と分析」では，評価におけるスポーツ動作の観察のポイント，分析の目的と意義を整理し，6つのスポーツ基本動作におけるバイオメカニクスや外傷発生の機転メカニズムについて学習します．

　このワークブックを利用することによって，検査・測定と評価で必要な知識を確認しながら，効果的な学習を進められますことを期待しております．

片寄正樹

目 次

A. アスレティックトレーナーに必要な評価

1. アスレティックトレーナーによる評価の目的，意義および役割 ……………… 2
2. 機能評価のプロセス ……………………………………………………… 3
3. 機能評価に必要な検査測定 ……………………………………………… 4
4. 機能評価に基づくアスレティックリハビリテーションおよび
   コンディショニングの目標設定とプログラム立案 ……………………… 4

B. アスレティックトレーナーに必要な検査測定の方法

1. 姿勢・身体アライメント・筋萎縮の観察，計測の目的と
   意義およびその計測方法 ………………………………………………… 8
2. 関節弛緩性検査の目的と意義およびその検査方法 …………………… 12
3. 関節可動域測定の目的と意義およびその測定方法 …………………… 14
4. 筋タイトネスの検査測定方法
   （関節可動域に影響を与える筋群のタイトネスの検査測定方法）………… 18
5. 徒手筋力検査の目的と意義 ……………………………………………… 19
6. 機器を用いた筋力，筋パワーおよび筋持久力の検査測定の目的と
   意義およびその検査測定方法 …………………………………………… 25
7. 全身持久力の検査測定の目的と意義およびその具体的手法と測定指標 …… 27
8. 敏捷性および協調性の検査測定の目的と意義およびその具体的手法 ……… 30
9. 身体組成の検査測定の目的と意義およびその具体的手法 ……………… 31
10. 一般的な体力測定の検査項目とその目的と概要 ……………………… 34

C. スポーツ動作の観察と分析

  1. 評価におけるスポーツ動作の観察・分析の目的と意義 …………… 38
  2. 歩行のバイオメカニクス ……………………………………………… 38
  3. 歩行動作に影響する要因 ……………………………………………… 40
  4. 走動作のバイオメカニクス …………………………………………… 40
  5. 走動作に影響を与える機能的，体力的要因 ………………………… 42
  6. 外傷の発生機転となるような走動作の特徴とメカニズム ………… 43
  7. ストップ・方向転換動作のバイオメカニクス ……………………… 45
  8. ストップ・方向転換動作に影響を与える機能的，体力的要因 …… 47
  9. 跳動作のバイオメカニクス …………………………………………… 50
 10. 跳躍動作に影響を与える機能的，体力的要因 ……………………… 51
 11. 外傷の発生機転となるような跳動作の特徴とメカニズム ………… 52
 12. 投動作のバイオメカニクス …………………………………………… 52
 13. 投動作に影響を与える機能的，体力的要因 ………………………… 54
 14. 外傷の発生機転となる投動作の特徴とメカニズム ………………… 54
 15. あたり動作のバイオメカニクス ……………………………………… 55
 16. あたり動作に影響を与える機能的，体力的要因 …………………… 56
 17. 外傷の発生機転となるようなあたり動作のメカニズム …………… 58

解答編 ……………………………………………………………………………… 60

- 各設問末尾のページ番号は，設問に関する記述が掲載されている日本体育協会公認アスレティックトレーナー専門科目テキストの該当ページ（本書の場合は，5巻 検査・測定と評価の該当ページ）を示します．
- 問題の形式は，穴埋め（STEP 1），論述（STEP 2），実技（STEP 3），フローチャート（STEP 4）の4形式を設けており，知識の整理や，理解の促進に活用できる構成と内容になっています．

A アスレティックトレーナーに必要な評価

1 アスレティックトレーナーによる評価の目的，意義および役割

STEP 1

問 1
アスレティックトレーナーによる評価の目的，意義および役割について，以下の _____ に適切な語句を入れてみましょう． ▶ p.2

1. 一般に測定と評価は競技者への _____ あるいは _____ に先立ち実践されることになる．しかし，測定と評価は競技者にサービスを提供する際に最初の一度だけ行うものではない．_____ を目的として繰り返し行う必要がある．

2. 検査・測定と評価で最も配慮するべき重要な点は，そのプロセスは _____ を収集することにあるのではないということで，検査・測定と評価につづく _____ や _____ などを検討するうえで _____ 情報を得るという意義がある．

3. 競技者の病態診断を行うことは _____ の業務ではない．医学的な病態診断を行うスポーツドクターとの連携を密に進めることで，結果としてアスレティックトレーナーの業務を _____ 進めることができ，アスレティックトレーナーによる評価と測定の解釈が深まることになる．

STEP 2

問 1
アスレティックトレーナーが行う測定と評価の目的を達成するために必要となる4つの基本能力をあげてみましょう． ▶ p.2

- _____
- _____
- _____
- _____

問 2
アスレティックトレーナーにプレゼンテーション能力とコミュニケーション能力が必要な理由を説明してみましょう． ▶ p.3

- _____

STEP 3

問 1
医師や理学療法士そしてスポーツ科学者など，医学やコンデショニングの知識がある専門家とのコミュニケーションをとる場合と，医学やコンデショニングの専門知識が乏しい選手やクライアントとのコミュニケーションをとる場合に留意すべき相違点について考えてみましょう． ▶ p.3

2 機能評価のプロセス

STEP 4

問 1 検査・測定と評価に必要なプロセスとなる以下のフローチャートを完成してみましょう． ▶ p.4

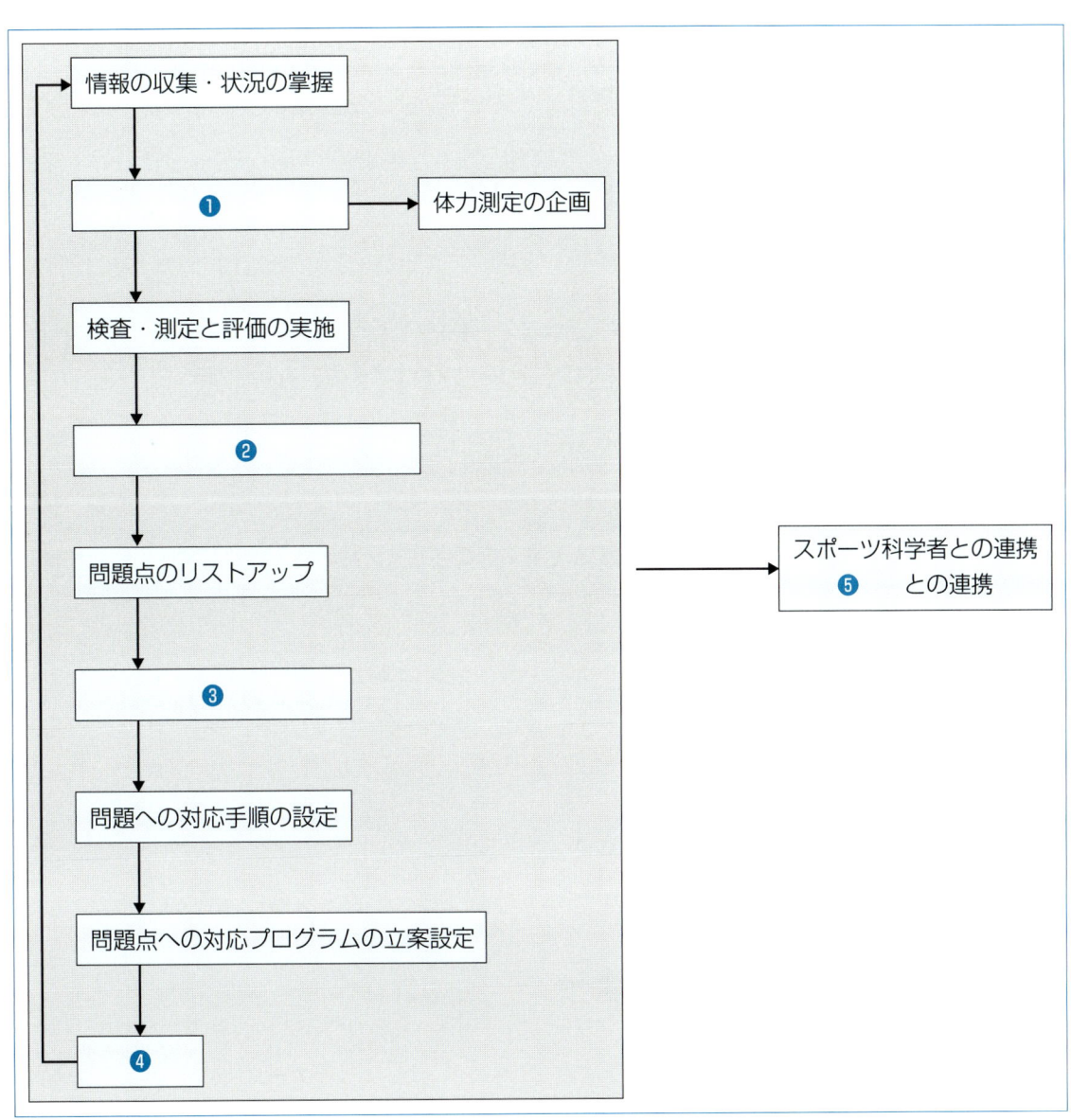

❶〜❺に適語を入れてみましょう

❶

❷

❸

❹

❺

3 機能評価に必要な検査測定

STEP 1

問 1 機能評価に必要な検査測定について，以下の _____ に適切な語句を入れてみましょう． ▶ p.7

1. 検査・測定と評価の情報収集の手続きとして HOPS があげられる．この手順は一般的に，問診（history），_____（_____），_____（_____），_____（_____）の英語の頭文字をとって HOPS と 呼ばれ，アスレティックトレーナーが評価において情報収集を進める基本手段とされている．

4 機能評価に基づくアスレティックリハビリテーションおよびコンディショニングの目標設定とプログラム立案

STEP 1

問 1 関節にかかる負荷について，以下の図が示す外力の名称をそれぞれ入れてみましょう． ▶ p.10

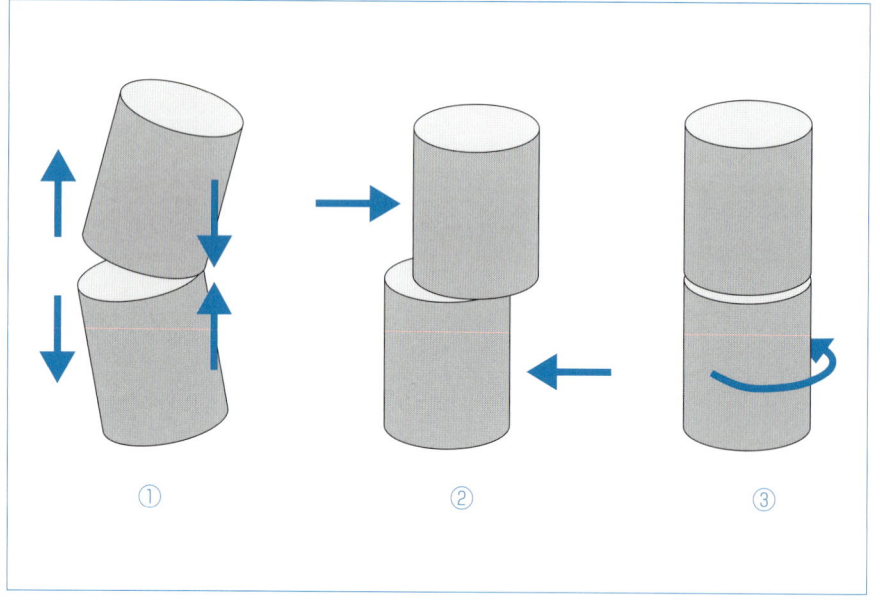

①
②
③

問2
外傷・障害を有しない場合について，以下の＿＿＿＿＿に適切な語句を入れてみましょう． ▶ p.16

1. 外傷・障害を有しない競技者に対しても競技者個人の機能評価は非常に重要である．その場合の機能評価は＿＿＿＿＿＿＿＿＿＿と＿＿＿＿＿＿＿＿＿＿の2つの目的で行い，それぞれの目的に合った問題点抽出とトレーニング目標の設定を考える．

問3
問題点を抽出してその問題点解決のためのプログラムを立案していくPOS（problem oriented system：問題点指向型システム）と，あらかじめトレーニングのゴールを設定しておいてそのゴールに到達するまでに必要なプログラムを立案していくGOS（goal oriented system：目標指向型システム）について，以下の表を完成させてみましょう． ▶ p.16

	POS	GOS
優れている点	① ・ ・	②
留意が必要な点	③ ・ ・	④

STEP 2

問1
knee-inが問題となる膝関節疾患に対するアライメント評価のポイントを説明してみましょう． ▶ p.13

STEP 3

問1
knee-in動作を再現し，下肢関節の各部位に加わるストレスを体験してみましょう． ▶ p.13

STEP 4

問 1 アライメントからみたリハビリテーションデザインのフローチャートを完成させてみましょう．
▶ p.13

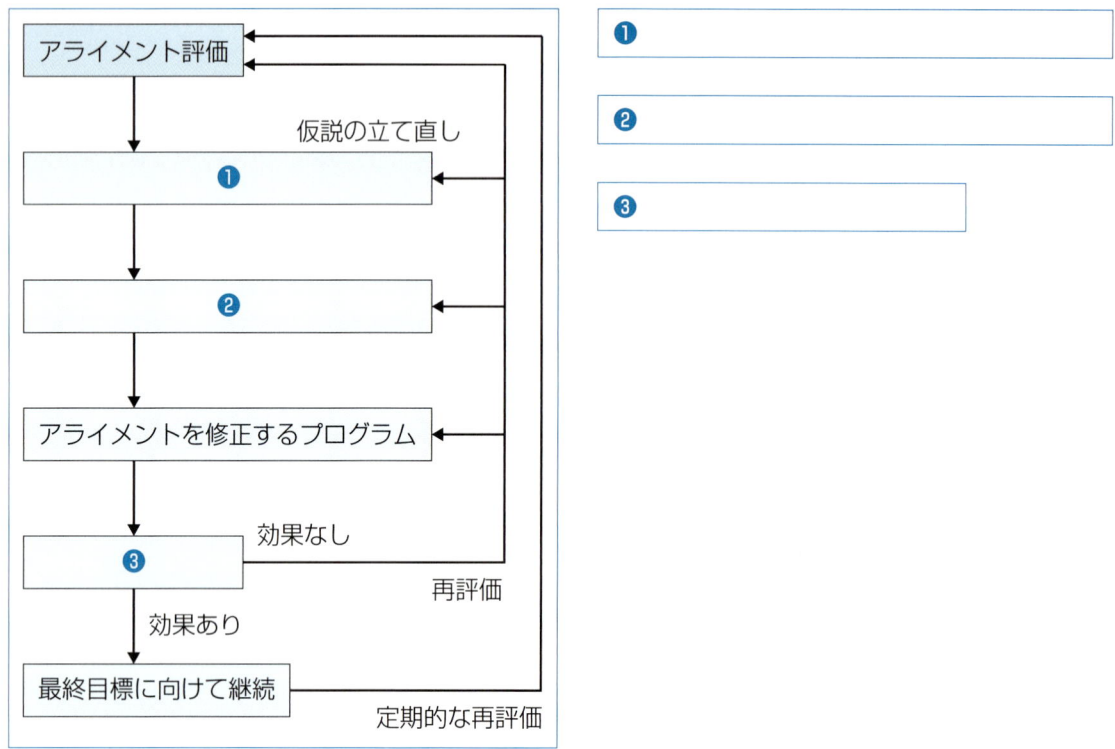

❶ _____

❷ _____

❸ _____

B アスレティックトレーナーに必要な検査測定の方法

1 姿勢・身体アライメント・筋萎縮の観察，計測の目的と意義およびその計測方法

STEP 1

問 1　A～Cの図の運動の面と軸の名称を記入してみましょう．▶ p.20-21

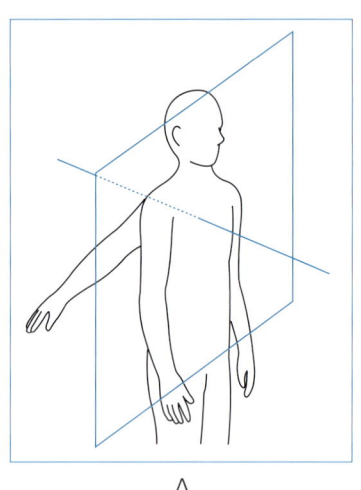
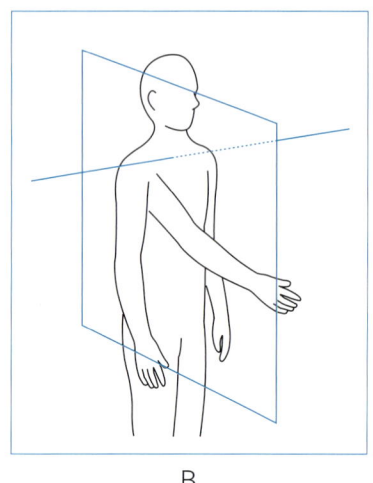
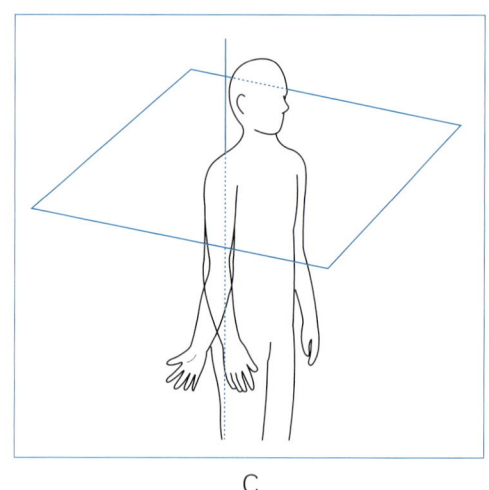

A　　　　　　　　　　　　B　　　　　　　　　　　　C

	面	軸
A	①	②
B	③	④
C	⑤	⑥

問 2　運動の面と軸について，それぞれの番号に適切な用語を記入し，実際に運動してみましょう．▶ p.20-21

面	軸	運動
前額面	矢状-水平軸	肩関節・股関節：　①
矢状面	前額-水平軸	肩関節・股関節：　② 肘関節・膝関節：　③ 手関節：　④ 足関節：　⑤
水平面	垂直軸	肩関節：　⑥　，　⑦ 股関節：　⑧

問3
姿勢をチェックする際の解剖学的な指標（ランドマーク）を記入し，実際に触れて確認してみましょう． ▶ p.21

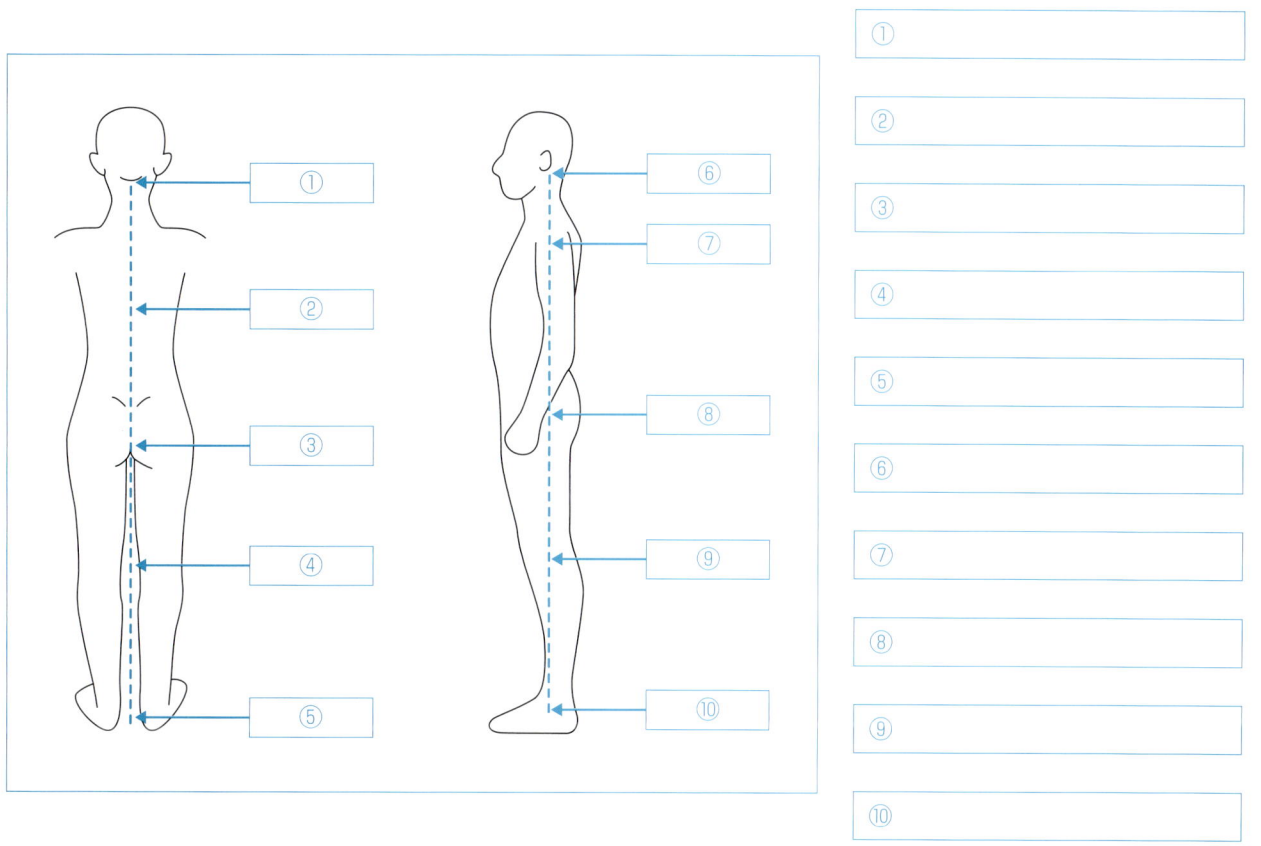

① _____
② _____
③ _____
④ _____
⑤ _____
⑥ _____
⑦ _____
⑧ _____
⑨ _____
⑩ _____

問4
アライメントについて，以下の _____ に適切な語句を入れてみましょう． ▶ p.26-27

1. _____ をアライメントといい，基本的な肢位を決めて観察するのを _____ アライメントという．しかし競技者に対してアライメントを観察する際には _____ における _____ も観察する必要があり，これを _____ アライメントという．

問5
静的アライメントのチェックのために必要なランドマークの名称をそれぞれ入れてみましょう． ▶ p.28

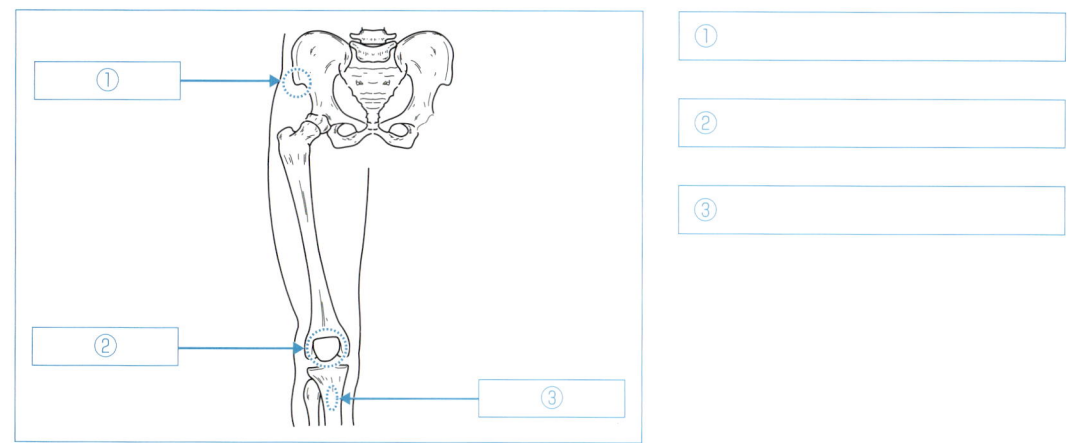

① _____
② _____
③ _____

問 6　計測の目的と意義について，以下の＿＿＿＿に適切な語句を入れてみましょう．▶ p.29

1. 身体計測とは一定の計測器で身体と身体各部の＿＿＿＿＿＿，＿＿＿＿＿＿，＿＿＿＿＿＿，＿＿＿＿＿＿などを測るものである．

2. 身体計測により身体の＿＿＿＿＿＿，＿＿＿＿＿＿，＿＿＿＿＿＿，＿＿＿＿＿＿などを知ることができる．

問 7　身体計測のために必要なランドマークの名称をそれぞれ入れてみましょう．▶ p.30-31

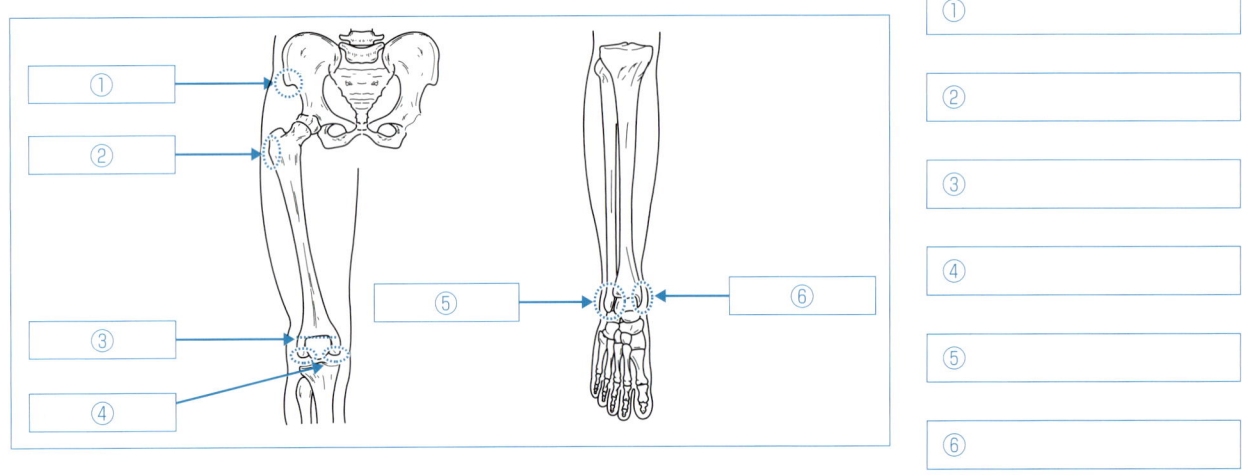

STEP 3

問 1　自分の体の各ランドマークに印をつけ，デジタルカメラなどで撮影し，姿勢を観察してみましょう．
▶ p.21-22

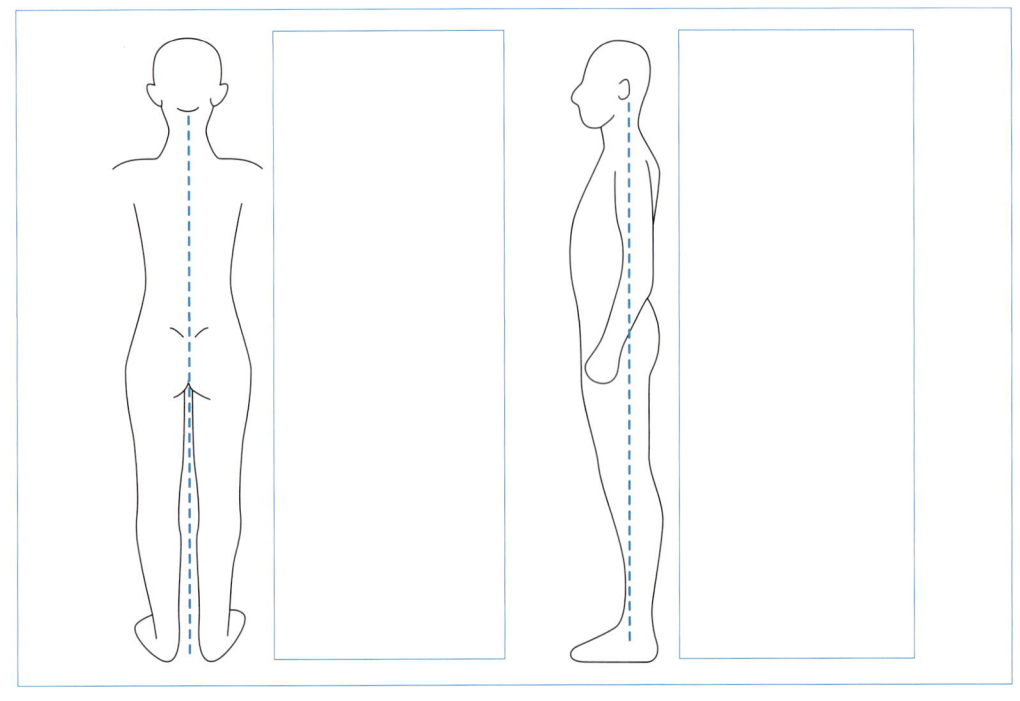

問2
スポーツ動作においてよくみられる構えの姿勢をデジタルカメラなどで撮影し，不良姿勢がないか確認しましょう． ▶ p.22-23

前額面　　　　　　　　　　　　　矢状面

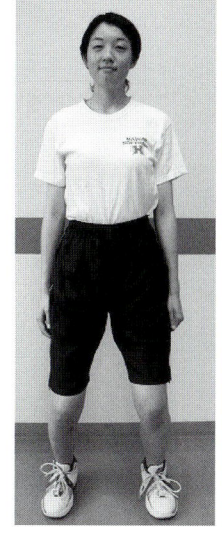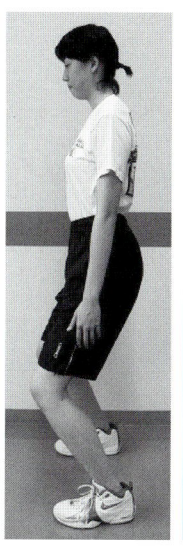

問3
不良姿勢や，不良姿勢からの動きを自分で実際に行ってみて，感じたことを書いてみましょう．
▶ p.23-25

1. 腰椎前弯を増強させたまま体幹を伸展してみましょう．

2. 下腿前傾の違いによる構えの姿勢の違いを感じてみましょう．

3. 過度の胸椎部後弯が体幹回旋を制限させるか行ってみましょう．

問4
競技者の各静的アライメントのチェックをしてみましょう． ▶ p.28-29

O脚およびX脚	:	O脚（　　横指）・X脚（　　横指）
Q-angle	:	右側　　　度　　左　　　度
leg-heel angle	:	右側　　　度　　左　　　度
扁平足および凹足	:	扁平足 ・ 凹足
外反母趾	:	あり ・ なし

1．姿勢・身体アライメント・筋萎縮の観察，計測の目的と意義およびその計測方法

問 5 競技者の四肢の周径を測りましょう．左右差があればその原因を考えてみましょう． ▶ p.30-31

	右	左	原因
上腕周径（肘伸展位）	cm	cm	
（肘屈曲位）	cm	cm	
前腕周径（最大前腕周径）	cm	cm	
大腿周径（膝蓋骨上15cm）	cm	cm	
下腿周径（最大下腿周径）	cm	cm	

問 6 競技者の下肢長を測りましょう．左右差があればその原因を考えてみましょう． ▶ p.31

	右	左	原因
転子果長	cm	cm	
棘果長	cm	cm	
大腿長	cm	cm	
下腿長	cm	cm	

2 関節弛緩性検査の目的と意義およびその検査方法

STEP 1

問 1 関節弛緩性について，以下の＿＿＿＿に適切な語句を入れてみましょう． ▶ p.32

1. 身体の硬い・柔らかいは，主に＿＿＿＿や＿＿＿＿の柔軟性に起因するものである．

2. 関節弛緩性の有無については，中嶋が発表した東大式の＿＿＿＿＿＿＿＿＿＿テストが利用しやすい．

3. 関節弛緩性は＿＿＿＿性のもの，スポーツ外傷後に発生する＿＿＿＿性のもの，長期間にわたり同種目を継続することによって起こる＿＿＿＿＿＿＿＿が原因のものなど，さまざまな原因で発生する．

4. 関節弛緩性を有する関節の安定性・支持性を高める場合，特に_____筋と_____筋の同時収縮を促すトレーニングが有効と考えられている．

5. 外的に関節を安定させる方法としては，_____や_____の利用がある．

問 2　関節弛緩性を有する競技者への対応策ついて，_____に適切な語句を入れてみましょう．　▶p.33

1. 関節の安定性・支持性を高める目的で_____を行う．

2. 基本的なスポーツ動作やその種目で特徴的な動作について，関節に過度なストレスが加わらないように_____を行う．

3. 外的に関節を安定させる方法には_____や_____の利用も上げられる．

4. 外傷後の初期段階での_____や_____は外傷に伴う関節弛緩制を防ぐ．

STEP 2

問 1　関節弛緩性の定義について説明してみましょう．　▶p.32

問 2　関節弛緩性と関節動揺性・不安定性の違いについて，簡潔に述べてみましょう．　▶p.32

	運動方向	原因
関節弛緩性	①	②
関節動揺性・不安定性	③	④

STEP 3

問 1　競技者の全身弛緩性テストを判定してみましょう．▶ p.33

	Rt	Lt
1. wrist	（ ＋ ・ － ）	（ ＋ ・ － ）
2. elbow	（ ＋ ・ － ）	（ ＋ ・ － ）
3. shoulder	（ ＋ ・ － ）	（ ＋ ・ － ）
4. knee	（ ＋ ・ － ）	（ ＋ ・ － ）
5. ankle	（ ＋ ・ － ）	（ ＋ ・ － ）
6. spine	（ ＋ ・ － ）	
7. hip	（ ＋ ・ － ）	
total：	／ 7	

3 関節可動域測定の目的と意義およびその測定方法

STEP 1

問 1　関節可動域測定の目的と定義について，以下の _____ に適切な語句を入れてみましょう．
▶ p.34

1. 関節可動域測定は _____ 運動での測定を原則とするが，_____ 運動での測定を行い，その両者の比較から _____ を特定することが可能なこともある．

2. 関節包，靱帯など関節を構成する組織の変性や治癒は _____ 性因子による関節可動域制限をもたらす．

3. 筋力性因子による関節可動域制限では，_____ 筋の筋力低下により _____ 運動での可動域制限が認められるが，_____ 筋の筋力低下によっても生じる．

問2　矢状面，前額面，水平面でなされる関節運動の種類を，それぞれあげてみましょう．▶ p.35

矢状面
① ＿＿＿＿＿＿　と　② ＿＿＿＿＿＿

前額面
③ ＿＿＿＿＿＿　と　④ ＿＿＿＿＿＿

水平面
⑤ ＿＿＿＿＿＿　と　⑥ ＿＿＿＿＿＿

問3　関節可動域の測定法について，以下の＿＿＿に適切な語句を入れてみましょう．▶ p.35-36

1. 関節可動域の測定は，原則として＿＿＿＿＿＿肢位を開始肢位＿＿＿＿＿＿とする．

2. 身体の3つの基本面である矢状面，＿＿＿＿＿＿面，水平面は互いに＿＿＿＿＿＿しており，3つの軸である矢状軸，前額軸，＿＿＿＿＿＿軸もそれぞれの軸および相応する面と＿＿＿＿＿＿している．

3. 手関節では屈曲を＿＿＿＿＿＿，伸展を＿＿＿＿＿＿，足関節では屈曲を＿＿＿＿＿＿，伸展を＿＿＿＿＿＿と表現する．

4. 外旋と内旋は＿＿＿＿＿＿上の運動で，＿＿＿＿＿＿軸が運動軸となる．

5. 回外と回内は前腕の運動で，手掌を上に向けると＿＿＿＿＿＿，手掌を下に向けると＿＿＿＿＿＿となる．

6. 足部の回内・＿＿＿＿＿＿・背屈の複合運動を外返し，回外・＿＿＿＿＿＿・底屈を内返しとする．

7. 基本軸，＿＿＿＿＿＿軸に正確に角度計を当て，原則として＿＿＿°単位で行う．

8. 関節運動の最終域は，＿＿＿＿＿＿の出現や測定時の他動運動に対する＿＿＿＿＿＿の増加で決定される．

問4　関節可動域測定の測定手順について，以下の＿＿＿に適切な語句を入れてみましょう．▶ p.37

1. 対象者に測定の＿＿＿＿＿＿を十分に説明し，理解と協力を得る．

2. ＿＿＿＿＿＿に関節を動かし，＿＿＿＿＿＿を確認してもらうと同時に，＿＿＿＿＿＿や可動範囲の目安をつける．

3. ＿＿＿＿＿＿に関節を動かすように対象者に指示する．＿＿＿＿＿＿，＿＿＿＿＿＿，＿＿＿＿＿＿を確認する．運動制限がある場合は疼痛や筋緊張などを確認し，認められるときは記載する．

4. 運動の最終域で基本軸と移動軸に角度計を当て関節角度を測定する．このとき，角度計を＿＿＿＿＿＿＿＿＿＿＿＿＿＿＿させないように注意する．

5. 他動的に＿＿＿＿＿＿＿＿＿＿＿＿を感じ取りながら最終域を決定し，関節角度を測定する．＿＿＿＿＿＿＿＿＿＿最終域から他動的最終域までは慎重に行う．

6. 測定結果を記録する．測定肢位の変更，＿＿＿＿＿＿＿＿＿＿，その他の観察事項についても必要に応じて記載する．

7. 測定結果を解釈する．他の検査・測定結果も参考に＿＿＿＿＿＿＿＿＿＿＿＿＿を特定する．

問5

関節可動域測定に関する以下の表の ①〜㉓ に適切な語句を入れてみましょう．また，それぞれの関節可動域を測定してみましょう． ▶ p.39-43

部位	運動方向	参考可動域角度（°）	基本軸	移動軸	測定肢および注意点
肩	屈曲（前方挙上）	180	① を通る床への垂直線（立位または座位）	②	前腕は ③ 位とする．体幹が動かないように固定する．脊柱が前後屈しないように注意する．
肘	屈曲	④	上腕骨	⑤	前腕は ⑥ 位とする．
股	外旋	⑦	⑧ より下ろした垂直線	下腿中央線（膝蓋骨中心より足関節 ⑨ 中央を結ぶ線）	⑩ 位で，股関節と膝関節を90°屈曲位にして行う． ⑪ の代償を少なくする．
足	伸展（背屈）	⑫	⑬ への垂直線	⑭	膝関節を ⑮ 位で行う．
頚部	回旋	⑯	両側の ⑰ を結ぶ線への垂直線	⑱ と ⑲ を結ぶ線	腰掛け座位で行う．
胸腰部	回旋	⑳	両側の ㉑ を結ぶ線	両側の ㉒ を結ぶ線	㉓ で骨盤を固定して行う．

STEP 2

問 1 正常な関節運動に必要な3つの因子について述べてみましょう． ▶ p.34

-
-
-

問 2 関節可動域測定の主な目的について，述べてみましょう． ▶ p.34

-
-
-
-
-
-

など

問 3 最終域感の3種類をあげ，そのそれぞれに該当する関節と制限因子（組織）を確認してみましょう． ▶ p.36-37

最終域感	確認項目
①	②
③	④
⑤	⑥

問 4 肘関節が完全伸展できず，10°屈曲位から90°屈曲しました．この測定結果を正しく表記してみましょう． ▶ p.37

STEP 3

問 1 足関節背屈制限を認める選手のスクワット動作を実際に行い，以下の代償動作について考察してみましょう． ▶ p.34

● 確認事項
下腿前傾制限により足部外転，膝関節外反，股関節過屈曲による腰椎前弯を増強させた体幹伸展などの代償動作．

3．関節可動域測定の目的と意義およびその測定方法

問 2 肘関節屈曲の関節可動域を実際に以下の項目に注意しながら測定してみましょう． ▶ p.36-37

> ●確認事項
> オリエンテーション，被験者の姿勢，測定中の被験者の状態，測定肢位，測定方法，基本軸と移動軸，関節運動の速度，自動運動と他動運動による測定，多関節筋の影響，測定環境への配慮など．

4 筋タイトネスの検査測定方法
（関節可動域に影響を与える筋群のタイトネスの検査測定方法）

STEP 1

問 1 筋柔軟性とタイトネスについて，以下の_____に適切な語句を入れてみましょう． ▶ p.44

1. 筋柔軟性とは，主に筋を_____したときの柔軟性を表現していることが多い．

2. 筋タイトネスは，ある筋が_____な関節運動により_____の走行に沿った方向に伸張されたときの硬さ・柔らかさを示し，_____や_____を測定する

問 2 筋柔軟性・筋タイトネスの検査測定の意義について，以下の_____に適切な語句を入れてみましょう．また，それぞれの代償運動を実際に再現してみましょう． ▶ p.44

1. スポーツ動作において大腿直筋に柔軟性低下がある場合，股関節の伸展および膝関節の屈曲運動を同時に行うと，膝関節_____制限や股関節_____制限，さらには腰椎の_____増強，骨盤_____といった代償運動が生じる．

STEP 2

問 1 筋・腱の柔軟性（伸張性）の低下の要因について，簡単に説明してみましょう． ▶ p.44

STEP 3

問 1
腸腰筋のタイトネステストを以下の項目を確認しながら実際に行ってみましょう． ▶ p.45

● 確認事項
背臥位にて検査側と反対の股関節，膝関節を深く屈曲させて骨盤の後傾，腰椎の前弯を減少させていくと，検査側の股関節が屈曲してくるかこないかを確認する．

問 2
大腿四頭筋のタイトネステストを以下の項目を確認しながら実際に行ってみましょう． ▶ p.45

● 確認事項
腹臥位にて検査側の膝関節を屈曲させ，踵を同側の殿部に近づけるようにする．その際に大腿前面の筋や膝蓋腱周囲の痛みの出現があるか，強い抵抗感により踵が殿部につかない場合は，踵と殿部の間の距離を計測する．

問 3
ハムストリングスのタイトネステストを以下の項目を確認しながら実際に行ってみましょう． ▶ p.45

● 確認事項
下肢伸展挙上テストの手技を用いる．背臥位にて検査側の膝を伸展したまま下肢を挙上していく．大腿後面の筋の伸張痛や抵抗感の増加，股関節の外転・外旋などの代償運動が出現する手前で股関節屈曲角度を測定する．

問 4
下腿三頭筋のタイトネステストを以下の項目を確認しながら実際に行ってみましょう． ▶ p.45

● 確認事項
立位にて検査側の下肢を後方に位置し，膝伸展位での足関節最大背屈角度を測定する．別法として，背臥位にて膝伸展位での足関節最大背屈角度を測定する．代償運動としては，膝の屈曲や足部の外転（toe out）に注意する．

5 徒手筋力検査の目的と意義

STEP 1

問 1
徒手筋力検査の目的と意義について，以下の _____ に適切な語句を入れてみましょう． ▶ p.48

1. 筋力は，筋収縮により発生した _____ が，骨・関節を介して生じる関節運動の力である．

2. 徒手筋力検査は，各関節の運動にかかわる筋あるいは筋群をできる限り＿＿＿＿＿的かつ＿＿＿＿的に測定することが可能であり，＿＿＿＿＿的検査方法であるものの，個々の筋力を検査できることに意義がある．

問2 徒手筋力検査の概要ついて，以下の＿＿＿＿＿に適切な語句を入れてみましょう． ▶ p.48-49

1. DanielsとWorthinghamの徒手筋力検査法では＿＿＿＿＿と＿＿＿＿＿を用いて，筋力を＿＿＿段階に判定する．

2. 徒手筋力検査法は原則として＿＿＿＿＿運動による検査法であるため，共同運動や＿＿＿＿＿，姿勢反射，痙性などの影響を受ける．＿＿＿＿＿神経性の障害に適用するには粗大筋力としてのスクリーニングとして用いる．

3. 徒手筋力検査では対象とする筋の＿＿＿＿＿収縮時の発揮筋力を評価する．

4. 抑止テスト（＿＿＿＿＿）は，運動の＿＿＿＿＿で徒手による抵抗を加えて運動を＿＿＿＿＿する．

5. 抗抵抗自動運動テスト（＿＿＿＿＿）は，関節運動開始から運動最終域まで徒手抵抗を加え続ける．

6. 段階3＋の判定は，重力に抗して運動範囲全体にわたり運動が可能なうえに，最終域での＿＿＿＿＿抵抗に抗して＿＿＿＿＿できるものとしている．

7. 段階2＋の判定は，＿＿＿＿＿の段階づけで用いられる．対象者が体重を支えながら＿＿＿を部分的に持ち上げることが可能な場合に，2＋と判断する．

8. 段階2－の判定は，＿＿＿＿＿の影響を最小にした＿＿＿＿＿面内の運動で，運動範囲の一部を動かせる場合の段階づけである．

9. 徒手筋力検査では，徒手抵抗の方向は検査される身体部分の主軸に常に＿＿＿＿＿に加える．

問3 徒手筋力検査の判定基準に関する以下の表の①〜⑯に，適切な語句を入れてみましょう． ▶ p.49

数的スコア	質的スコア	判定方法
5	normal；N 正常	関節の可動範囲を ① に動かすことが可能で， ② の抵抗を加えても最終運動域を保持することができる．
4	③ ；G 優	関節の運動範囲を ④ に動かすことが可能で， ⑤ な抵抗を加えても最終運動域を ⑥ することができる． ⑦ に対しては，抗しきれない．
3	⑧ ；F 良	⑨ の抵抗にだけ抗して運動可能範囲を完全に最後まで動かすことができるが，どんなに弱い抵抗であっても，抵抗が加えられれば運動が妨げられる．
2	⑩ ；P 可	⑪ の影響を最小にした肢位でなら，運動範囲全体にわたり完全に動かすことができる．
1	⑫ ；T 不可	テストする運動に関与する筋あるいは筋群に，ある程度筋収縮活動が ⑬ か， ⑭ できる．
0	zero；Z ゼロ	⑮ によってでも， ⑯ によってでも全く筋収縮活動のないもの．

問4 徒手筋力検査の検査手順に関して，以下の ＿＿＿＿ に適切な語句を入れてみましょう． ▶ p.52

1. 対象者に ＿＿＿＿ と内容を十分説明し理解と協力を求める．

2. 予定している検査内容を事前に整理し，対象者の ＿＿＿＿＿＿＿＿＿ が最小限となるように検査順序を考えておく．測定に応じた肢位と固定部位の確認を行う．

3. 検者が ＿＿＿＿＿＿ に関節を動かし運動範囲を確認するとともに，検査する筋と運動方向を対象者に知らせる．

4. ＿＿＿＿＿＿ に関節を動かすよう対象者に指示し，検者は ＿＿＿＿＿＿ ， ＿＿＿＿＿＿ ， ＿＿＿＿＿＿ を確認する．

5. 徒手筋力検査の検査手順では， ＿＿＿＿＿＿＿＿＿ が可能であれば，最終域運動域で抵抗を徐々に加え 4；good，5；normal の判定へとすすめる．

6. 3；fair が不可能であれば， ＿＿＿＿＿＿＿＿＿ の検査肢位に変更する．ただし，同一肢位で可能な他の検査を先に実施する場合もある．

7. 評価用紙に検査結果を記録する．その際，_____ や代償運動が出現したらその状態も記載しておく．

問5 主動作筋と正確な運動方向，代償筋と代償運動に関する以下の表を完成させてみましょう．また，それぞれの徒手筋力検査を行ってみましょう． ▶ p.53

		動作筋	運動	正確な運動	代償筋	代償運動
上肢	三角筋	①	肩関節90°屈曲	掌面を下方に向け上肢を挙上	②	上肢を ③ した状態で屈曲
		④	肩関節90°外転	掌面を下方に向け上肢を外転	⑤ 上腕三頭筋（ ⑥ ） 体幹側屈筋	上肢を ⑦ した状態で外転 上肢を内旋し後方伸展をしながら外転 体幹を側屈すると外転したようにみえる
	上腕二頭筋		肘関節屈曲	前腕を回外位にして屈曲	⑧ 円回内筋 上腕筋 手根屈筋群	前腕を回内・回外中間位にて屈曲運動途中で前腕が ⑨ 前腕 ⑩ 位にて屈曲 手関節を強く掌屈することによる
	上腕三頭筋		肘関節伸展	前腕を ⑪ 位にして伸展	手指伸筋群 総指伸筋	手関節を強く背屈することによる手根伸展による代償
手指	浅指屈筋		PIP屈曲	⑫ 伸展位，⑬ 伸展位にて屈曲	深指屈筋 手根伸筋群	全指節関節屈曲 手関節を強く背屈することによる
	背側骨間筋		手指の外転	MP伸展位で平面上にて外転	手指伸筋	MP過伸展により外転したようになる
下肢	⑭		股関節屈曲	下肢を垂直面に屈曲する	⑮ ⑯	大腿の外旋・外転が伴う 大腿の内旋・内転が伴う

筋	運動	肢位	代償運動を起こす筋	代償運動
大殿筋	股関節伸展	垂直面上において下肢を伸展 膝関節は ⑰ 位にしておく	体幹伸展筋 腰方形筋 広背筋	腰椎を後方に伸展し重心を後方へ移動させることによる ⑱ を持ち上げ膝関節屈筋にて下肢を支えると股関節伸展が生じたようにみえる
中殿筋	股関節外転	下肢は内外旋 ⑲ 位にて前額面での運動	股関節屈筋群 体幹側屈筋	下肢を ⑳ しながら外転する 骨盤を胸部の方へ引き寄せる
ハムストリングス	膝関節屈曲	膝関節完全伸展位より屈曲垂直面上での運動	腓腹筋 股関節屈筋群 ㉑	体重のかからないときに作用 股関節 ㉒ により膝関節 ㉓ が生じる 股関節屈曲・外旋を伴う
㉔	膝関節伸展	垂直面上において膝関節伸展	内・外旋筋 腓腹筋 大殿筋	股関節内旋・外旋を伴って伸展 立位にて足関節を固定するとき 立位にて足関節を固定するとき
前脛骨筋	足関節 ㉕ と ㉖	㉗ 伸筋の働かない状態で背屈する	長趾伸筋 長母趾伸筋 第三腓骨筋	足趾伸展を伴う 母趾を強く伸展しながら背屈・外反を伴う
腓腹筋 ヒラメ筋	足関節底屈	前足部の屈曲が起こることなく ㉘ のはっきりした動きがみられる	後脛骨筋 長短腓骨筋 長趾屈筋 長母趾屈筋	前足部が後足部に対して ㉙ するが ㉚ のはっきりした動きが認められない 足趾の強い屈曲を伴う 母趾の屈曲が伴う

STEP 2

問 1 徒手筋力検査の目的について，説明してみましょう． ▶ p.48

問 2 徒手筋力検査の運動範囲について，説明してみましょう． ▶ p.49

問 3 代償運動とその防止方法について，説明してみましょう． ▶ p.49

6 機器を用いた筋力，筋パワーおよび筋持久力の検査測定の目的と意義およびその検査測定方法

STEP 1

問 1 筋力発揮の生理学について，運動形態と関節運動，筋長に関する以下の表の①〜⑧に適切な語句を入れてみましょう ▶ p.56

運動形態	関節運動と筋長	筋力の表記
① 運動 isometric exercise	関節運動はない ② は変化しない	N；ニュートン，KgF など
等張性運動 isotonic exercise ③ 運動 concentric exercise	関節運動がある 筋の起始と付着が近付き，筋は ④ する	KgF，RM（repetition maximum）など
等張性運動 isotonic exercise ⑤ 運動 eccentric exercise	関節運動がある 筋の起始と付着が遠ざかり，筋は ⑥ する	KgF，RM（repetition maximum）など
⑦ 運動 isokinetic exercise	⑧ が一定 求心性運動と遠心性運動がある	Nm，Kgm など関節トルクで表す

問 2 機器による筋力評価について，以下の _____ に適切な語句を入れてみましょう． ▶ p.59

1. 筋を静止状態に置き，徐々に伸張すると，_____ 長付近から急激に張力が増加する．これは _____ と呼ばれ，主として筋の結合組織や膜構造の弾性によって起こる．また，全張力から静止張力を引くと，筋収縮による発生した _____ が得られる．

問 3 パワーの測定について，以下の _____ に適切な語句を入れてみましょう． ▶ p.63

1. パワー（power）は _____（strength）と _____（velocity）の積である．

STEP 2

問1 筋力の大きさを決定する要因について，簡潔に説明してみましょう． ▶ p.54

問2 生理的限界と心理的限界が筋力に与える影響について，説明してみましょう． ▶ p.54

問3 機器を用いた筋力測定の特徴を，利点と欠点に分けて簡単に説明してみましょう． ▶ p.58

利点

など

欠点

など

問4 スポーツ復帰のために備えるべき条件を箇条書きにしてみましょう． ▶ p.58

| 問 5 | 筋力測定の結果に影響を与える因子について，説明してみましょう． ▶ p.63 |

・ ・ ・ ・ ・	・ ・ ・ ・ ・

など

| 問 6 | ウエイトマシンやフリーウエイトを使用した筋力評価について，説明してみましょう． ▶ p.63 |

7 全身持久力の検査測定の目的と意義およびその具体的手法と測定指標

STEP 1

| 問 1 | 全身持久力の検査測定の目的と意義およびその具体的手法と測定指標について，以下の＿＿＿＿に適切な語句を入れてみましょう． ▶ p.64–68 |

1. 全身持久力とは，筋肉が長時間の運動継続を行うことができる身体作業能力のことで，一般的に＿＿＿＿＿＿＿＿＿の大きい人ほど全身持久力が高く，＿＿＿＿＿＿＿＿は運動強度が増しても上がりにくく，かつラストスパートのようなときには高い乳酸値を出せることなどはアスレティックトレーナーとして理解しておくべきである．

2. 運動中の心拍数（脈拍数）は運動強度と深い関係にあり，＿＿＿＿＿＿＿＿（＿＿＿＿）から＿＿＿＿＿＿を，＿＿＿＿＿＿＿＿から＿＿＿＿＿＿＿を推定することができる．

3. シャトルランは，全身持久力の測定方法として，＿＿＿＿，＿＿＿＿，妥当性，汎用性，大衆性，＿＿＿＿などをほぼ満たしている．

4. 運動負荷テストのパターンとして，＿＿＿＿＿＿＿＿（終始一定強度の運動をする），＿＿＿＿＿＿＿＿＿＿（間に休憩を入れながら階段状に運動強度を強めていく），＿＿＿＿＿＿＿＿＿＿（休まずに運動強度を階段状に強めていく）があり，一般的には＿＿＿＿＿＿＿＿＿＿の方法が用いられる．

STEP 2

問 1 最大酸素摂取能力を説明するうえで必要な，5つの生理機能をあげてみましょう． ▶ p.64

-
-
-
-
-

問 2 以下の英語の略語に対応する日本語とその意味を書き出してみましょう． ▶ p.64-67

略語	日本語	意味
AT	①	②
LT	③	④
VT	⑤	⑥
OBLA	⑦	⑧
$\dot{V}O_2max$	⑨	⑩
HRmax	⑪	⑫
HRrest	⑬	⑭

問 3   無酸素性作業閾値（AT）と乳酸性作業閾値（LT）の違いを簡潔に述べてみましょう． ▶ p.65

無酸素性作業閾値（AT）

乳酸性作業閾値（LT）

問 4   全身持久力の測定方法として 20m シャトルランテストを使用する利点を簡潔に説明してみましょう． ▶ p.66-67

-
-
-

など

問 5   自覚的運動強度（RPE）における数字（New Borg Scale など）の意味を簡潔に説明してみましょう． ▶ p.68

STEP 3

問 1   12 分間走と 20m シャトルランテストを実際に行ってみましょう（被験者を用いても可）．両測定で得られた最大酸素摂取量の数値を比較してみましょう． ▶ p.66-67

8 敏捷性および協調性の検査測定の目的と意義およびその具体的手法

STEP 1

問 1 敏捷性および協調性の検査測定の目的と意義およびその具体的手法について，以下の_____ に適切な語句を入れてみましょう． ▶ p.69-71

1. 敏捷性は _____ や _____，協調性は協応性，_____，調整力，バランス，_____ などと同様な意味合いで使われることも多く，幅広い意味でとらえられることが多い．

2. 敏捷性の測定は，_____ と，_____ とに分けられ，前者は _____，後者は _____ として行われることが多い．

3. 片脚閉眼立ちテストでは，_____，_____，_____，_____，などが生じた場合，バランスが崩れたものとみなす．

4. 競技特有の敏捷性を測定したい場合には，その競技を分析し，_____ や _____，_____，_____ など，必要な動きを抽出した測定方法を選択すべきである．

STEP 2

問 1 全身反応時間テストと選択反応時間テストについて，それぞれ簡潔に説明してみましょう． ▶ p.69-71

全身反応時間テスト

選択反応時間テスト

問 2 コンタクトスポーツにおいて，なぜ敏捷性や協調性が重要なのかを述べてみましょう． ▶ p.72

問3 敏捷性や協調性をシーズンを通して継続的に計測することで，どのような利点があるでしょうか．
▶ p.72-73

STEP 3

問1 スポーツを1つ選び，そのスポーツの特性および選手の活動レベルに合った敏捷性および協調性の測定方法をいくつか考え，測定のプランを立ててみましょう． ▶ p.69-72

問2 総合的な測定と競技特有動作による測定で得られた数値をもとにして，フィードバック表を作成してみましょう．また，結果を選手にわかりやすく説明をする練習をしてみましょう． ▶ p.69-72

問3 被験者数名を用い，50m走，10m×5シャトルラン，ステップ50を計測してみましょう．そして，それらの測定値を比較し，フィードバックをしてみましょう． ▶ p.70-72

9 身体組成の検査測定の目的と意義およびその具体的手法

STEP 1

問1 身体組織の検査測定の目的と意義およびその具体的手法について，以下の _____ に適切な語句を入れてみましょう． ▶ p.74-76

1. 身体組成は一般的に _____ と _____ の2つの要素で考えられる．

2. インピーダンス法とは，足裏とハンドグリップより周波数の異なる数種類の微電流を流し，そこから得られる _____ （インピーダンス）を身体組成の _____ に応用するという方法である．

3. インピーダンス法で推定される体組成測定値は，_____ によって変動しやすく，_____ や _____ ，_____ などによって _____ に差が出る．

4. 空気置換法による身体組成測定では，_____ 内に入り，_____ ，_____ ，_____ を実測し，その数値から _____ を求めることによって _____ _____ の量を推定する方法である．

STEP 2

問1 BMI（body mass index）での体格判定が競技者には不向きであるのはなぜか，簡潔に述べてみましょう． ▶ p.74

問2 体脂肪が競技者に及ぼす影響を述べてみましょう． ▶ p.74-75

問3 身体組成がアスレティックリハビリテーション時に及ぼす影響を説明してみましょう． ▶ p.74-75

問4 皮下脂肪厚をキャリパーで計測する際の注意点をまとめてみましょう． ▶ p.77

STEP 3

問1
インピーダンス法を用いた身体組成推定器具（家庭用）を用い，5日連続して自分の体重と体脂肪率を，起床時と就寝前に計測し，それらの数値を記録してみましょう．その際，どのような条件を一定にして計測したか，またはどのような条件が異なっていたかも記録しましょう（時刻，トイレ前後，運動量など）． ▶ p.74-77

	月　日	月　日	月　日	月　日	月　日
計測時間	：	：	：	：	：
体重（kg）					
体脂肪率（％）					
条件					

問2
被験者3名以上に対し，皮下脂肪厚をテキスト▶ p.76 図 V-B-71 に従い，キャリパーを用いて計測してみましょう．各計測場所で3～5回計測してください．できれば，同被験者を数回にわたって継続的に計測し，その数値の変位を記録しましょう．また，この数値の変位の要因として考えられることをあげてみましょう（例：計測誤差，被験者の運動量など）．

被験者　A	月　日			月　日			月　日			月　日			月　日		
	腕	背	腹	腕	背	腹	腕	背	腹	腕	背	腹	腕	背	腹
試技①															
試技②															
試技③															
試技④															
試技⑤															
平均値															
数値変位の要因として考えられること															

腕：上腕背部，背：肩甲骨下部，腹：腹部

10 一般的な体力測定の検査項目とその目的と概要

STEP 1

問1 一般的な体力測定の検査項目とその目的と概要について，以下の＿＿＿＿に適切な語句を入れてみましょう． ▶ p.78-79

1. 体力測定の目的が何であるかによって，＿＿＿＿＿＿や＿＿＿＿＿＿の選択，あるいは＿＿＿＿＿＿＿＿の方法が異なるはずである．

2. 体力測定の目指すものは，体力という用語で表現したい＿＿＿＿＿＿＿＿の総合的表現および＿＿＿＿＿＿＿＿＿＿の表現の試みでもあり，その結果は＿＿＿＿＿＿に活用されるテストシステム構成が期待される．

3. アスレティックトレーナーには自身が担当する競技者の＿＿＿＿，＿＿＿＿，＿＿＿＿＿などに応じた適切な体力測定を＿＿＿＿＿＿＿＿＿＿や＿＿＿＿＿＿などと協力して＿＿＿＿＿＿＿＿＿＿が期待される．体力測定の目的を明確にし，その目的を達成できるような＿＿＿＿＿＿＿＿＿＿し，実施した結果を競技者，コーチへ＿＿＿＿＿＿＿＿＿＿していく作業には，アスレティックトレーナーが持つ能力が総合的に発揮される必要が出てくる．

STEP 2

問1 体力測定の目的を7つあげてみましょう． ▶ p.81

-
-
-
-
-
-
-

問2 測定対象に対して考慮するべき注意事項を4つあげ，それぞれについて説明してみましょう． ▶ p.81

- ：

- ……………………　　　・……………………

- ……………………　　　・……………………

- ……………………　　　・……………………

問3　体力測定後のフィードバックの重要性を説明してみましょう．▶ p.78-84

問4　テストバッテリーとその重要性について，簡潔に説明してみましょう．▶ p.78

問5　一般青年，少年，中・高齢者の3グループそれぞれの身体特性を記し，実施される測定項目とその目的，および測定時のリスク管理について，表にまとめてみましょう．▶ p.81-104

	一般青年（競技者）	少年	中・高齢者
身体特性	①	②	③
測定項目とその目的	④	⑤	⑥
リスク管理	⑦	⑧	⑨

など

STEP 3

問 1 体力測定後に用いるフィードバック用チャートを作り，被験者にわかりやすく説明をする練習をしてみましょう． ▶ p.83-84

問 2 実際に，新入生の障害予防のための測定のプランを立ててみましょう．スポーツ，人数，測定項目，測定場所，測定時間，動線などを明確にしてください． ▶ p.85

C スポーツ動作の観察と分析

1 評価におけるスポーツ動作の観察・分析の目的と意義

STEP 1

問 1 評価におけるスポーツ動作の観察・分析の目的と意義について，以下の _____ に適切な語句を入れてみましょう． ▶ p.105

1. スポーツ動作を観察，分析する基礎的能力を確保することで，スポーツ外傷障害の _____，外傷障害発生時の _____，その後の治療や _____ への活用，競技者個別の競技特性に対してのウイークポイントの明確化と対策が可能となる．

STEP 2

問 1 アスレティックトレーナーがスポーツ動作の観察分析を行うために必要となる知識，能力を簡潔に説明してみましょう． ▶ p.105

-
-
-

2 歩行のバイオメカニクス

STEP 1

問 1 以下の図中の空欄に適切な語句を入れてみましょう． ▶ p.106

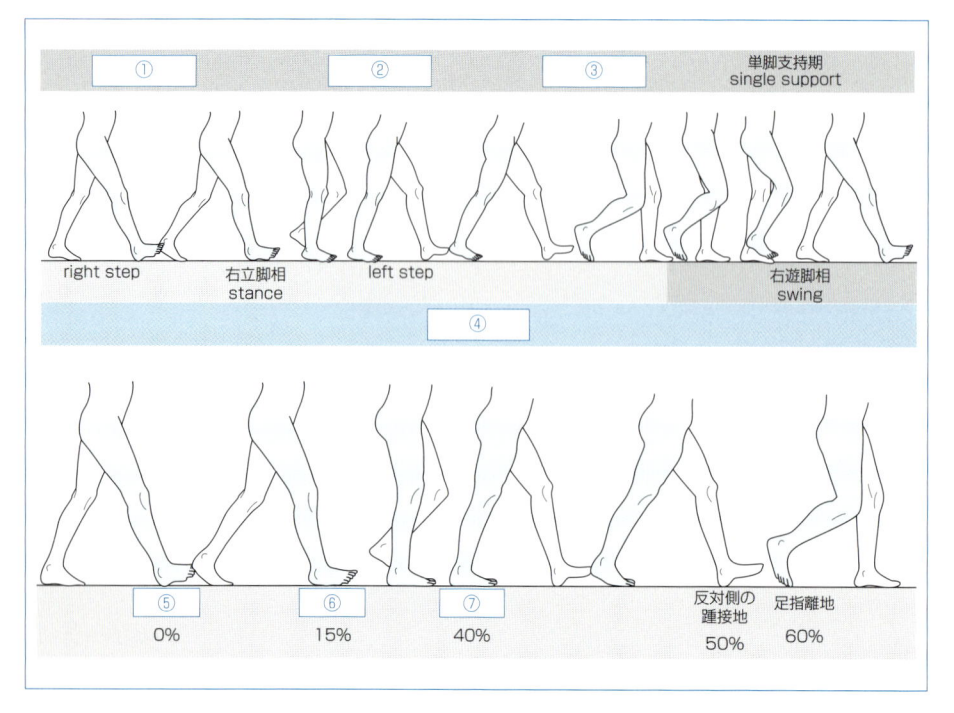

①
②
③
④
⑤
⑥
⑦

問 2 関節角度変化について，以下の _____ に適切な語句を入れてみましょう． ▶ p.108

1. 矢状面でみた歩行中の膝関節は，遊脚後期の踵接地前に _____ した状態となり，踵接地から足底接地後期まで _____ する．その，後踵接地までは伸展し，それ以降は反対側の踵接地に向かって屈曲を始め，さらに遊脚期に移行するために屈曲角度が大きくなる．このように，一歩行周期内に膝関節で伸展と屈曲が二度繰り返されることを _____ という．

STEP 2

問 1 歩行中の前脛骨筋は歩行周期のどこで活動するか，下記の歩行周期に合わせてその筋活動を図示してみましょう． ▶ p.109

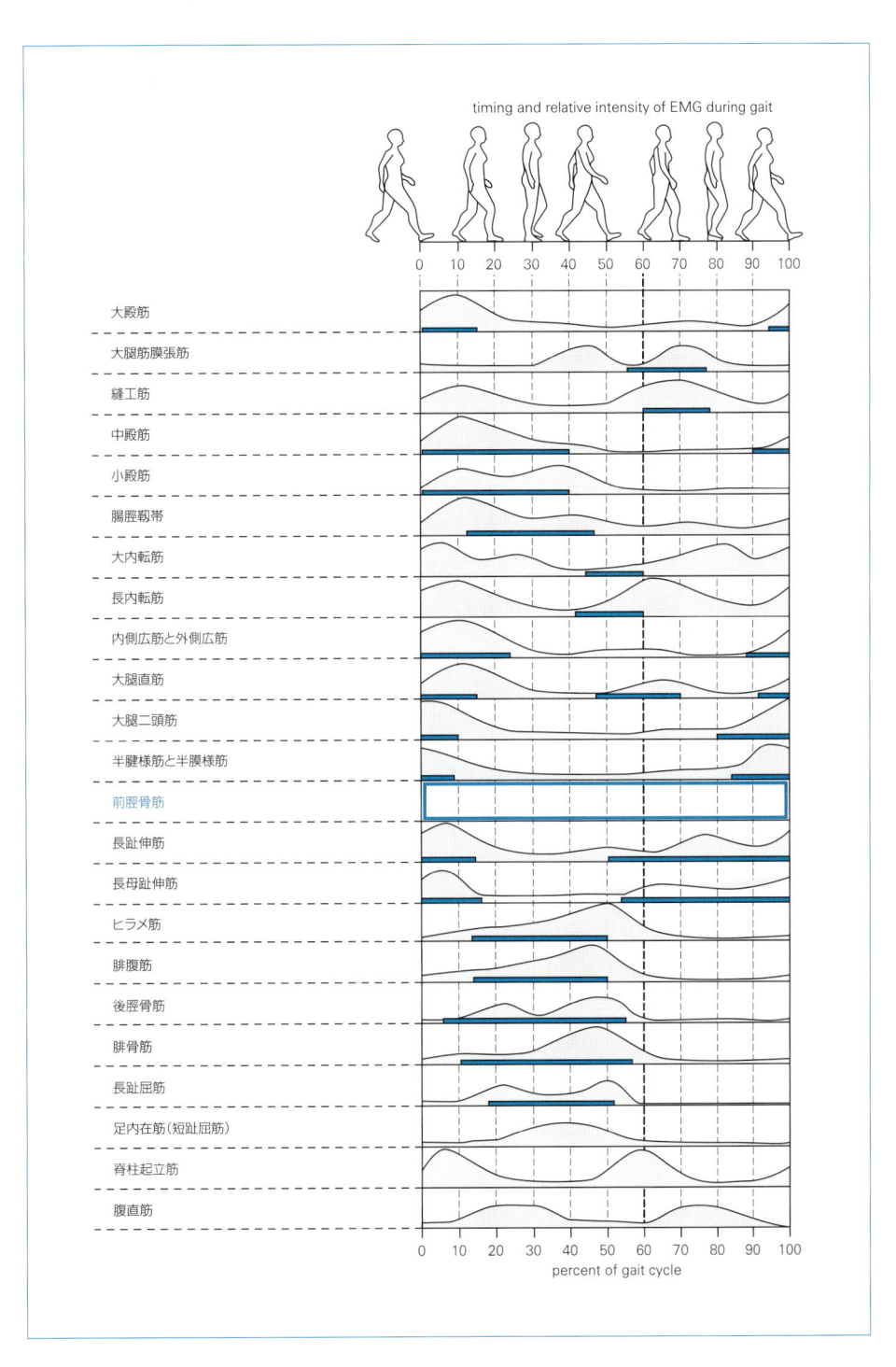

timing and relative intensity of EMG during gait

大殿筋	
大腿筋膜張筋	
縫工筋	
中殿筋	
小殿筋	
腸脛靱帯	
大内転筋	
長内転筋	
内側広筋と外側広筋	
大腿直筋	
大腿二頭筋	
半腱様筋と半膜様筋	
前脛骨筋	
長趾伸筋	
長母趾伸筋	
ヒラメ筋	
腓腹筋	
後脛骨筋	
腓骨筋	
長趾屈筋	
足内在筋（短趾屈筋）	
脊柱起立筋	
腹直筋	

percent of gait cycle

2．歩行のバイオメカニクス 39

STEP 3

問 1 砂場などを利用し，自分自身の歩行距離，歩行時間パラメータを計測し，以下の表を完成させてみましょう． ▶ p.107

	重複歩距離	歩幅	歩隔	足角	重複歩時間	歩行速度	歩行率
Rt							
Lt							

3 歩行動作に影響する要因

STEP 2

問 1 トレンデレンブルグ歩行について，簡潔に説明してみましょう． ▶ p.113

4 走動作のバイオメカニクス

STEP 1

問 1 走動作と歩行動作の違いについて，以下の _____ に適切な用語を入れてみましょう． ▶ p.117

1. 走動作と歩行動作の違いは，速度が増すにつれ _____ が短縮し，_____ が延長していく．歩行での立脚期は全歩行周期全体の _____ ％を占めるが，ランニングでは _____ ％，スプリント走では _____ ％と短縮していく．さらに走動作では，両脚とも宙に浮いている _____ があることである．

問2 走行時の下肢の運動について，図中の①〜⑨に適切な語句を入れてみましょう． ▶ p.119

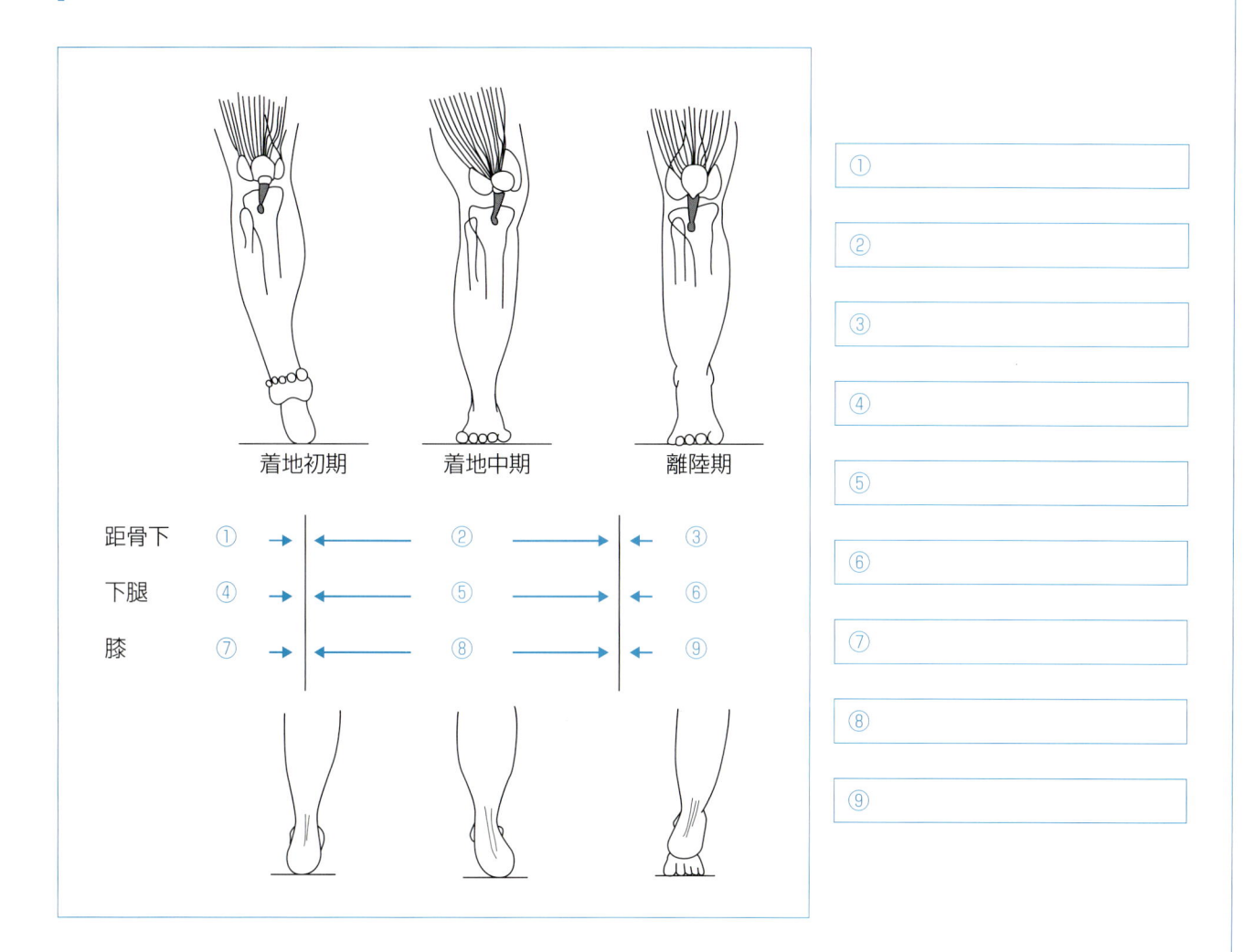

	着地初期	着地中期	離陸期
距骨下	① →	← ② →	← ③
下腿	④ →	← ⑤ →	← ⑥
膝	⑦ →	← ⑧ →	← ⑨

①
②
③
④
⑤
⑥
⑦
⑧
⑨

STEP 2

問1 走動作の位相をそれぞれ簡単に説明してみましょう． ▶ p.117

サポート期	foot-strike	①
	mid-support	②
	takeoff	③
リカバリー期	follow-through	④
	forward-swing	⑤
	foot-descent	⑥

問2 走動作の筋活動について，それぞれの主な働きをする筋の名称をあげてみましょう． ▶ p.119-122

主な働き	筋
・リカバリー期の股関節屈曲	①
・foot-descent で振り出される大腿の減速 ・サポート期初期の股関節伸展	②
・foot-strike に先がけ大腿・骨盤の安定化を図る	③
・すべてのスピードで take off で活動し始め follow-throught と forwart-swing で活動	④
・foot-discent での膝関節伸展 ・foot-strike と mid-support での膝関節屈曲の制御（膝関節の安定）	⑤
・forwart-swing と foot-discent で活動 ・股関節最終域での屈曲を制限するブレーキとして働く ・股関節伸展に寄与するとともに膝関節の急激な進展を調整 ・サポート期の股関節伸展筋として活動	⑥
・foot-discent から活動を開始し foot-strike の準備として足関節安定性をつくる ・foot-strike と mid-support に起こる下腿の前傾の調節，体幹が前進することで膝関節伸展にも貢献	⑦

5 走動作に影響を与える機能的，体力的要因

STEP 1

問1 股関節伸展運動が不十分なときに前方推進力を得るために起こる運動について，それぞれ適切な語句を入れてみましょう． ▶ p.125

腕振り	①
腰椎	②
骨盤	③
股関節	④
膝関節	⑤
足関節	⑥

STEP 2

問1 走動作にみられる knee-in & toe-out となる要因について，まとめてみましょう． ▶ p.124–125

股関節	内転	①
	内旋	②
膝関節	外反	③
下　腿	外旋	④
足関節	外返し	⑤
足　部	外転	⑥
	内側縦アーチ低下	⑦

問2 舗装路や曲走路をランニングするときのアライメント変化について，簡単に述べてみましょう．
▶ p.125–126

舗装路

曲走路

6 外傷の発生機転となるような走動作の特徴とメカニズム

STEP 2

問1 走動作中にハムストリングと下腿三頭筋に肉離れが起こる原因を考えてみましょう． ▶ p.127–128

ハムストリング

下腿三頭筋

....

問2 走動作で腸脛靱帯炎が発生する原因を考えてみましょう． ▶ p.128

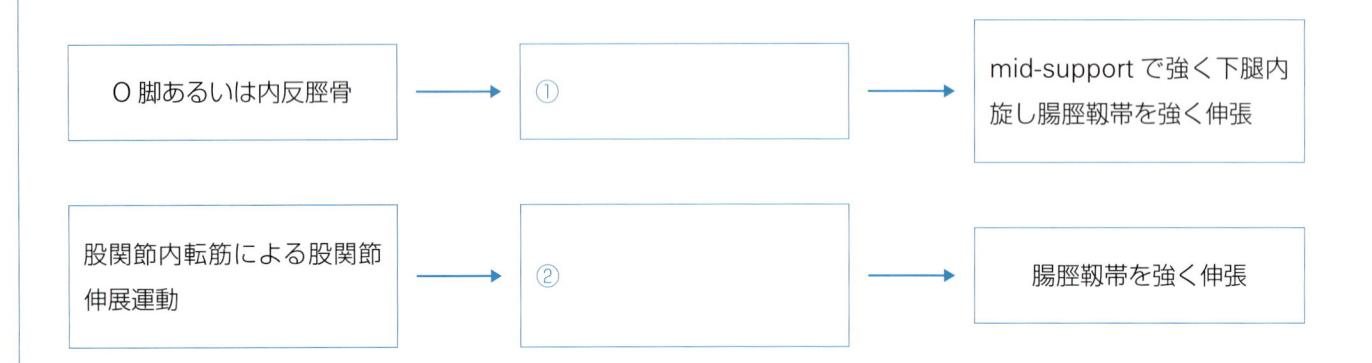

| O脚あるいは内反脛骨 | → | ① | → | mid-support で強く下腿内旋し腸脛靱帯を強く伸張 |

| 股関節内転筋による股関節伸展運動 | → | ② | → | 腸脛靱帯を強く伸張 |

STEP 3

問1 テキスト図Ⅴ-C-19を参考に，走動作をその位相ごとに実際に観察してみましょう． ▶ p.123-126

走動作の位相		前額面	矢状面
サポート期	foot-strike		
	mid-support		
	takeoff		
リカバリー期	follow-through		
	forward-swing		
	foot-descent		

| 問 2 | 問1で観察した走動作のなかで，外傷の発生機転となる特徴がないかチェックしましょう．また，その原因について考えてみましょう． ▶ p.127-129 |

走動作の位相		外傷の発生機転となる特徴	原因
サポート期	foot-strike		
	mid-support		
	takeoff		
リカバリー期	follow-through		
	forward-swing		
	foot-descent		

7 ストップ・方向転換動作のバイオメカニクス

STEP 1

| 問 1 | バスケットボールにおける方向転換動作の種類について，以下の _____ に適切な語句を入れてみましょう． ▶ p.134-135 |

1. バスケットボールの特徴は，ボールを持っている競技者はルール上，_____ が制約されている．そのために _____ での方向転換が非常に多くみられる．またコートの大きさからクローズフィールドでの展開が多く，ディフェンスも _____ への対応が求められる．方向転換は _____ ステップや _____ ステップを多用する．_____ は片脚を軸足として接地したまま逆足を移動し身体の向きを転換する方向転換である．

STEP 2

問 1 減速動作の one step stop と quick foot stop の利点と欠点について，簡単に述べてみましょう．
▶ p.130-131

減速動作	利点	欠点
one step stop	①	②・・
quick foot stop	③・・	④

問 2 サッカーにおける横方向の方向転換のサイドステップとクロスオーバーステップの違いについて考えてみましょう． ▶ p.132-134

横方向の方向転換動作		利点	欠点
サイドステップ	シザースステップ	①	②
	タッピングステップ	③	④
クロスオーバーステップ		⑤・・	⑥・・

問 3 サッカーにおける 2 つの回転方向の方向転換をあげ，それをする際の注意事項を簡単に述べてみましょう． ▶ p.134

回転方向の方向転換	注意事項
①	②
③	④

STEP 3

問 1 スポーツ活動のどのような場面で方向転換を行っているか，観察してみましょう．▶ p.131-135

	競技名	方向転換動作をする場面
サイドステップ		
クロスオーバーステップ		

8 ストップ・方向転換動作に影響を与える機能的，体力的要因

STEP 1

問 1 減速動作と姿勢について，以下の _____ に適切な用語を入れてみましょう．▶ p.137

1. 減速動作の際に体幹に加わる _____ への慣性を制御しきれない場合，下肢がストップしても _____ してしまう _____ が発生し，減速動作に時間を要するほかに，_____ にも時間がかかる．体幹に加わる _____ への慣性をコントロールするには _____ の働きが重要になる．

問 2 方向転換動作と姿勢について，以下の _____ に適切な語句を入れてみましょう．▶ p.137

1. 方向転換動作の際に直立に近い姿勢のほうが身体の回転は _____ ．しかし，その場合は重心高が高いため _____ や _____ には不利である．スピードを減速して _____ を力強く変化させるには重心高を _____ と有利である．_____ の必要性と _____ ，_____ などさまざまな要素を加味して効率のよい姿勢を選択する必要がある．

STEP 2

問1 股関節外転筋群の作用が不十分なときにみられる動作の変化（肢位）について，簡単に述べてみましょう． ▶ p.136-137

トレンデレンブルグ肢位

デュシャンヌ肢位

STEP 3

問1 減速動作を観察してみましょう． ▶ p.130-131

	前額面	矢状面
one step stop		
quick foot stop		

C．スポーツ動作の観察と分析

問2

実際に自分で減速動作，方向転換動作をしてみましょう．鏡を見ながら自分のダイナミックアライメントを観察して発生しやすい外傷・障害を書き出してみましょう． ▶ p.130-135

	ダイナミックアライメント	発生しやすい外傷・障害
one step stop		
quick foot stop		
サイドステップ		
クロスオーバーステップ		

問3

以下の2つの方向転換動作を観察してみましょう． ▶ p.131-135

	前額面	矢状面
サイドステップ		
クロスオーバーステップ		

問4

問1で観察した減速動作のなかで，外傷の発生機転となる特徴がないかチェックしましょう．またその原因について考えてみましょう． ▶ p.136-138

	外傷の発生機転となる特徴	原因
one step stop		
quick foot stop		

| 問 5 | 問3で観察した方向転換動作のなかで，外傷の発生機転となる特徴がないかチェックしましょう．またその原因について考えてみましょう． ▶ p.136-138 |

方向転換動作	外傷の発生機転となる特徴	原因
サイドステップ		
クロスオーバーステップ		

9 跳動作のバイオメカニクス

STEP 1

問 1 跳動作のバイオメカニクスについて，以下の _____ に適切な語句を入れてみましょう．
▶ p.139-141

1. 跳躍の運動学的定義とは「運動の主体である身体が，逆に身体を客体として重力に抗して空中に投射する」とされる．言い換えると，_____ によって常に _____ されている身体自身が，重力 _____ の力を _____ に加えて（踏み切って）上方向へ飛び出すことといえる．

2. 垂直跳びにおいて，動作開始から床反力のピーク出現までの局面では，_____ で ____ に弾性エネルギーを蓄え，床反力のピーク出現から離地時までの局面では，_____ _____ をしながら腱の _____（腱の短縮）によってパワーを発揮しいるということがいえる．

STEP 2

問 1 バレーボール，バスケットボール，陸上競技（走幅跳，走高跳，三段跳）など，スポーツ競技における跳躍動作の特性を簡単にまとめてみましょう． ▶ p.139

10 跳躍動作に影響を与える機能的，体力的要因

STEP 1

問1
跳躍動作に影響を与える機械的，体力的要因について，以下の＿＿＿＿に適切な語句を入れてみましょう． ▶ p.142

1. 運動における反動動作は，＿＿＿＿＿＿＿＿＿＿＿＿＿＿（＿＿＿＿＿）と呼ばれており，跳躍を含めたさまざまな運動においてみてとれる．

STEP 2

問1
跳躍競技者のトレーニングとして，クリーンやスナッチなどが多用されますが，その目的を述べてみましょう． ▶ p.143-144

問2
走高跳における助走軌道で，終盤に弧を描くような助走をする目的を述べてみましょう． ▶ p.143-145

問3
走高跳と走幅跳における踏切動作と機能的および体力的要因の違いをまとめてみましょう． ▶ p.143-145

	走高跳	走幅跳
特徴	①	②
踏み切り動作	③	④
機能的および体力的要因	⑤	⑥

11 外傷の発生機転となるような跳動作の特徴とメカニズム

STEP 1

問 1 外傷の発生機転となるような跳動作の特徴とメカニズムについて，以下の＿＿＿＿に適切な語句を入れてみましょう． ▶ p.146-147

1. 跳躍動作において ＿＿＿＿＿＿＿＿ の役割を果たしている足では，＿＿＿＿＿＿＿＿ も傷害と強い関係がある．

2. 内側縦アーチは，＿＿＿＿＿，＿＿＿＿＿＿＿，＿＿＿＿＿＿＿＿，そして ＿＿＿＿＿＿＿＿ から形成され，＿＿＿＿＿，＿＿＿＿＿＿＿＿ で足に ＿＿＿＿＿＿＿＿ を与えている．

STEP 2

問 1 走幅跳における足関節外反捻挫の発生機転について，簡潔に述べてみましょう． ▶ p.148

STEP 3

問 1 バスケットボールやサッカーでは，ジャンプ中に他人と接触することでバランスを崩し，着地時に傷害を引き起こすことがありますが，その予防エクササイズをスポーツの特性を踏まえて作成してみましょう． ▶ p.146-150

12 投動作のバイオメカニクス

STEP 1

問 1 投動作のバイオメカニクスについて，以下の＿＿＿＿に適切な語句を入れてみましょう． ▶ p.151

1. 投球動作は下肢，体幹，上肢の各関節が連動し，＿＿＿＿＿＿＿＿＿＿＿ により遂行される．主に下肢関節の運動が体幹，上肢関節へと連動していく．

2. 上位の関節への連動の ＿＿＿＿＿＿＿＿＿＿ が早かったり，遅くとなると最終的に加重される運動連鎖は減少し，＿＿＿＿＿ の関節への負担が強まる．

| 問2 | 投球の位相について，各期の名称を入れてみましょう． ▶ p.151 |

ワインドアップ期　①　　　②　　　③　　　フォロースルー期

①　　　　　　　　　　　　　　　②

③

STEP 2

| 問1 | 投球の位相について，以下の表を完成させてみましょう． ▶ p.151 |

	動作の位相
ワインドアップ期	投球の始動からステップ足（右投げの右脚）を最大挙上するまで
①	②
③	④
⑤	⑥
フォロースルー期	⑦

13 投動作に影響を与える機能的，体力的要因

STEP 1

問 1 以下の投球動作における片脚立位の図の，安定性に影響を及ぼす身体機能的要因を列挙してみましょう． ▶ p.155

①	②
③	④
⑤	⑥
⑦	⑧
⑨	⑩
⑪	⑫

14 外傷の発生機転となる投動作の特徴とメカニズム

STEP 4

問 1 投球障害を呈しやすい投球動作の代表例である「肘の下がった投球動作」における外傷発生メカニズムに関する以下のフローチャートを完成させてみましょう． ▶ p.158

❶ から ❷ での肘下がり

→ 肩関節 ❸ 可動域の制限 → 動作的に要求される肩関節外旋角度に対応するために肩関節 ❺ の組織へのストレス増大・肩甲上腕関節面へのストレス増大

→ 肘関節の ❹ ストレスの増大

❶
❷
❸
❹
❺

15 あたり動作のバイオメカニクス

STEP 1

問 1 あたり動作のバイオメカニクスについて，以下の＿＿＿＿に適切な語句を入れてみましょう．
▶ p.163-165

1. 人と人が衝突するとき，人体は衝突する際に相手に伝達する力に＿＿＿＿＿＿反作用を受け取る．"体幹を固める"ことにより腰が反るなどの不利な姿勢となることを防ぎ，衝突直後の有効な"＿＿＿＿＿"に移行できる．理想的な"固め方"とは，体幹筋を＿＿＿＿＿収縮させつつ，下肢では＿＿＿＿＿＿を生み，一方，上肢や肩で相手に力を伝達するという全身の＿＿＿＿＿された運動を意味する．

2. あたり動作後の"押し"の推進力を高めるためには，股関節と膝関節が適度な＿＿＿＿＿位を保つことと足底と地面との間に十分な＿＿＿＿＿＿を得ることが必要となる．あたりの瞬間の重心が＿＿＿＿＿と，あたりによって重心が＿＿＿＿＿に移動し，推進力が得られにくくなる．

3. 頭頂部でのコンタクトでは頸椎脱臼骨折のリスクが高いことから，相撲やアメリカンフットボールでは相手をしっかりと見て＿＿＿＿＿＿でのコンタクトが指導される．正しいヘッドアップの条件とは，重心を＿＿＿＿＿，体幹を＿＿＿＿＿し，顎を引きつつ頸部を中間位から軽度伸展位に保つことである．このとき，頸部周囲筋は＿＿＿＿＿収縮し，外力に対して十分な固定力を確保しておく必要がある．

4. 上肢は多くのあたり動作において最初に相手に接触し，＿＿＿＿＿＿を相手に伝達する効果器として作用する．コンタクトの方法はあたりの技術によって異なり，上肢の中でも手掌や前腕，肩などが使われる．重心の運動量を上肢によって相手に伝達する以上，上肢が＿＿＿＿＿＿＿＿＿しないように＿＿＿＿＿＿を高めておく必要がある．いわゆる"＿＿を締める"という表現には，上肢の肢位にかかわらず肩甲骨を＿＿＿＿＿して体幹に固定することが含まれている．

5. スポーツの押し合いでは直線的な押しの強さとともに種々の＿＿＿や＿＿＿＿＿に対する＿＿＿＿＿が必要である．水平方向の変化や引き技への対応力を向上するためには，＿＿＿＿＿＿＿＿＿の増大（＿＿＿＿＿＿＿＿＿＿＿＿），＿＿＿＿＿＿，（＿＿＿＿＿＿＿＿＿＿＿＿＿＿＿＿），体幹の固定などが重要である．押し動作中に常時膝屈曲位を保つためには，推進力源として＿＿＿＿＿＿ではなく＿＿＿＿＿＿＿＿＿を動員する必要がある．

STEP 2

問1 あたり動作の強さについて，説明してみましょう． ▶ p.163

問2 押し動作における有効な押しの方向について，説明してみましょう． ▶ p.164

STEP 3

問1 手掌，手掌内側（尺側），前腕近位外側（橈側），肩関節外側をコンタクトポイントに利用したあたり動作を，以下の項目を確認しながら実際に行ってみましょう． ▶ p.163-165

● 確認事項
体幹固定，低重心，ヘッドアップ，上肢固定（筋収縮）．

16 あたり動作に影響を与える機能的，体力的要因

STEP 1

問1 あたり動作を与える体力的要因について，以下の _____ に適切な語句を入れてみましょう． ▶ p.166

1. 運動量は速度に比例することから，_____ は強いあたりには必須の要素である．特にあたりの強さに影響する要素はコンタクトの瞬間の _____ であり，コンタクト直前の _____（_____）_____ が重要となる．

2. 筋力増強は，あたりから押しにかけての動力源としてきわめて重要である．あたりおよび押しにおいて，_____ と _____ との間に自分の身体が介在するため，身体は地面と相手の両方から _____ を受け取ることになり，全身を _____ することが必要である．

3. あたり動作は＿＿＿＿＿＿＿＿な運動であるが，競技全体の運動の連続性を考慮すると持久力は決して軽視するべき体力要素ではない．一般に深い呼吸は体幹固定力を＿＿＿＿＿＿＿＿ため，相手と接触している間の呼吸は無意識のうちに停止または浅くなり，十分な酸素摂取が妨げられる．このためコンタクトスポーツでは接触プレーと非接触プレーの連続性の中で＿＿＿＿＿＿＿＿を急速に解消する能力が必要とされる．

STEP 2

問 1 体重と身長があたり動作に与える影響について，説明してみましょう． ▶ p.166

問 2 コンタクトプレーにおいて良好なフォームを保つための関節・体幹の固定について，説明してみましょう． ▶ p.167-168

問 3 あたり動作におけるヒットのタイミングについて，説明してみましょう． ▶ p.168

17 外傷の発生機転となるようなあたり動作のメカニズム

STEP 1

問1 外傷発生機転となるようなあたり動作のメカニズムについて，以下の_____に適切な語句を入れてみましょう． ▶ p.169-170

1. 頚部外傷の受傷機転は，タックルなどで起こる頚部_____・回旋・側屈強制，スクラムが崩れた場合などに起こる頚部_____強制，そして頭頂部からのコンタクトによる頚椎_____，などに大別される．

2. コンタクトによる腰部の外傷を予防するためには，腰椎をできる限り_____（実際には軽度の腰椎前弯，胸椎後弯を保つ）し，_____と_____を十分に動員して強力な体幹固定を得る必要がある．

3. コンタクトプレーで発生する代表的な肩外傷は，タックルの際の肩関節_____位での水平_____強制による肩関節_____である．予防のためにはタックルに入るまでの_____や_____などコンタクトに至るまでのプロセスを習得することが重要である．一方，肩関節については，原則として肩甲帯_____位を確保しつつ肩甲帯周囲を十分固定し，三角筋前部線維の筋腹を十分緊張させた状態でのコンタクトを習得する必要がある．

4. 鎖骨骨折は_____への転倒時に肩関節の_____を地面に強打して起こりやすく，_____の習熟により予防することが需要である．

STEP 2

問1 頭部外傷の予防のために重要な技術的要因について，簡単に説明してみましょう． ▶ p.169

解答編

A アスレティックトレーナーに必要な評価

1. アスレティックトレーナーによる評価の目的，意義および役割

STEP 1
問1
1. 処置　プログラム提供　効果判定，2. 測定評価データ　ケア　トレーニング　正確で必要な，3. アスレティックトレーナー　安全に効果的に

STEP 2
問1
・測定評価の企画・実践能力　・測定評価の実技能力　・測定評価データの解釈・活用能力　・プレゼンテーションスキルとコミュニケーション能力

問2
・クライアントに対し理解できるように説明するため　・クライアントを取り巻く関係スタッフとコミュニケーションをとるため

2. 機能評価のプロセス

STEP 4
問1
❶検査・測定と評価の企画　❷検査・測定と評価の統合解釈　❸対応ゴールの設定　❹効果判定　❺医療資格者

3. 機能評価に必要な検査測定

STEP 1
問1
1. 視診　observation　触診　palpation　スペシャルテスト　special test

4. 機能評価に基づくアスレティックリハビリテーションおよびコンディショニングの目標設定とプログラム立案

STEP 1
問1
①伸張と圧縮，②剪断，③回旋（ねじれ）

問2
1. 外傷・障害の予防　パフォーマンスの把握

問3
①・具体的問題解決手段を立案しやすい　・問題解決に向けたプロセス構築を時系列に沿って立てやすい　②ゴール，目標を明確にできる　③・目標達成の問題点の解決に偏りが生じる　・目標達成の十分条件を見失う可能性がある　④目標達成の必要条件がクリアにされない場合がある

STEP 2
問1
動作中の膝外反，膝関節および足部アライメントをチェックしてアライメントを崩す要因を分析する．この要因を考えられる機能低下を推測し，次のステップとなる機能評価項目立案に役立てる

STEP 4
❶問題となる負荷の推定，❷アライメントを崩す原因の特定，❸効果測定

B アスレティックトレーナーに必要な検査測定の方法

1. 姿勢・身体アライメント・筋萎縮の観察，計測の目的と意義およびその計測方法

STEP 1
問1
①前額面，②矢状-水平軸，③矢状面，④前額-水平軸，⑤水平面，⑥垂直軸

問2
①外転-内転，②屈曲-伸展，③屈曲-伸展，④背屈-掌屈，⑤背屈-底屈，⑥内旋-外旋，⑦水平屈曲-水平伸展，⑧内旋-外旋

問3
①後頭隆起，②椎骨棘突起，③殿裂，④両膝関節内側の中心，⑤両内果間の中心，⑥耳垂，⑦肩峰，⑧大転子，⑨膝関節前部，⑩外果の前方

問4
1. 骨の配列　静的　運動時　骨の配列　動的

問5
①上前腸骨棘，②膝蓋骨，③脛骨粗面

問6
1. 大きさ　太さ　長さ　重さ，2. 栄養状態　筋萎縮　筋肥大の程度　肢長

問7
①上前腸骨棘，②大転子，③膝蓋骨上縁，④関節裂隙，⑤外果，⑥内果

2. 関節弛緩性検査の目的と意義およびその検査方法

STEP 1
問1
1. 関節　筋，2. 全身関節弛緩性，3. 先天　外傷　競技特性，4. 動　拮抗，5. テーピング　装具

問2
1. 筋力強化エクササイズ，2. 正しいアライメントや動作の習得，3. テーピング　装具，4. 適切な処置　理学療法

STEP 2
問1
一定の可動域から，さらに関節運動がなされるものを関節弛緩性と呼んでいる

問2
①正常，②先天的なもの，競技特性によるもの，③異常，④外傷性のもの

3. 関節可動域測定の目的と意義およびその測定方法

STEP 1
問1
1. 他動　自動　制限因子，2. 軟部組織，3. 主動作　自動　固定

問2
①屈曲，②伸展，③外転，④内転，⑤外旋，⑥内旋

問3
1. 解剖学的　0°，2. 前額　直交　垂直　直交，3. 掌屈　背屈　底屈　背屈，4. 水平面　垂直，5. 回外　回内，6. 外転　内転，7. 移動 5，8. 痛み　抵抗量

問4
1. 目的，2. 他動的　運動方向　痛みの有無，3. 自動的　運動の方向　固定部位　代償運動，4. 皮膚に密着，5. 最終域感　自動的，6. 痛み，7. 制限因子

問5
①肩峰，②上腕骨，③中間，④145，⑤橈骨，⑥回外，⑦45，⑧膝蓋骨，⑨内外果，⑩背臥，⑪骨盤，⑫20，⑬腓骨，⑭第5中足骨，⑮屈曲，⑯60，⑰肩峰，⑱鼻梁，⑲後頭結節，⑳40，㉑後上腸骨棘，㉒肩峰，㉓座位

STEP 2
問1
・関節の構築学的な異常がないこと　・関節運動にかかわる筋が十分な収縮力をもつこと　・関節運動に伴い伸張される拮抗筋および軟部組織が十分な伸展性をもつこと

問2
・関節機能の客観的な把握　・関節可動障害の程度の判定　・関節可動障害の制限因子の特定　・運動・動作障害の原因分析　・治療方針やトレーニングプログラム作成の資料　・治療効果の判定資料　など

問3
①軟部組織性，②膝関節屈曲による大腿後面と下腿後面の接触，③結合組織性，④膝関節伸展位での股関節屈曲によるハムストリングスの緊張（筋性），⑤骨性，⑥肘関節伸展による上腕骨の肘頭窩と尺骨の肘頭との衝突

問4
肘関節伸展−10°，屈曲 90°または肘関節屈曲 10°～90°

4. 筋タイトネスの検査測定方法（関節可動域に影響を与える筋群のタイトネスの検査測定方法）

STEP 1
問1
1. 触診，2. 他動的　筋線維　関節角度　距離

問2
1. 屈曲　伸展　前弯　前傾

STEP 2
問1
筋・腱自体の損傷や手術侵襲による二次的障害，トレーニングによる筋疲労やウォームアップ不足，成長期の急速な長軸方向への骨成長による筋・腱の相対的な短縮などによって生じる．

5. 徒手筋力検査の目的と意義

STEP 1
問1
1. 張力，2. 選択　量　主観

|問2
1. 重力 外力 6, 2. 単関節 連合反応 中枢, 3. 最大随意, 4. break test 運動最終域 抑止, 5. full ark test, 6. 軽い保持, 7. 足底屈筋 踵, 8. 重力 水平, 9. 垂直
|問3
①完全, ②最大, ③good, ④完全, ⑤強力, ⑥保持, ⑦最大抵抗, ⑧fair, ⑨重力, ⑩poor, ⑪重力, ⑫trace, ⑬目に見える, ⑭手で触知, ⑮触知, ⑯視認
|問4
1. 目的, 2. 体位変換, 3. 他動的, 4. 自動的 運動方向 固定部位 代償運動, 5. 3；fair, 6. 2；poor, 7. 痛み
|問5
①前部線維, ②上腕二頭筋, ③外旋, ④中部線維, ⑤上腕二頭筋, ⑥長頭, ⑦外旋, ⑧腕橈骨筋, ⑨回内, ⑩回内, ⑪回外, ⑫MP, ⑬DIP, ⑭腸腰筋, ⑮縫工筋, ⑯大腿筋膜張筋, ⑰屈曲, ⑱骨盤, ⑲中間, ⑳外旋, ㉑縫工筋, ㉒屈曲, ㉓屈曲, ㉔大腿四頭筋, ㉕背屈, ㉖内反, ㉗足趾, ㉘踵骨, ㉙底屈, ㉚踵骨

STEP 2
|問1
徒手筋力検査の目的としては，運動・動作障害の原因分析の資料，診断の補助手段（末梢神経損傷や脊髄損傷の障害部位診断への応用），運動機能の予後予測の資料とするための資料（筋のアンバランスによる変形や動作障害を予測するための資料），治療方針やトレーニングプログラム作成の資料，治療やトレーニングの効果判定資料などがあげられる
|問2
徒手筋力検査では，対象者が運動させうる範囲を検査可能運動範囲としてとらえ段階決定に使用するため，関節可動域測定で用いられる各関節の参考可動域角度とは異なる
|問3
代償運動の多くは，ある筋の筋力低下によって他の筋あるいは筋群がその作用を代償しようとするものである．検査中の代償運動を防ぐために姿勢・肢位，固定部位，抵抗の部位と強さが適切になるよう細心の注意が必要である

6. 機器を用いた筋力，筋パワーおよび筋持久力の検査測定の目的と意義およびその検査測定方法

STEP 1
|問1
①等尺性, ②筋長, ③求心性, ④短縮, ⑤遠心性, ⑥伸張, ⑦等速性, ⑧関節運動速度
|問2
1. 自然 静止張力 活動張力
|問3
1. 力 速度

STEP 2
|問1
・大脳の興奮水準の高さ ・筋収縮に動員される筋線維数 ・筋線維の断面積 ・筋線維のタイプ
|問2
筋収縮に動員される筋線維数は大脳の興奮水準が高まるほど多くなる．筋力は構造的因子に由来する生理的条件の上限としての生理的限界と，大脳の興奮水準の高さによる心理的条件の制限としての心理的限界があり，心理的限界の上限が生理的限界を上回ることはない．心理的限界に影響を与えるものとして疼痛があげられる
|問3
利点
・正確な測定が可能 ・筋力，パワー，筋持久力などさまざまな測定ができ，左右差などの微妙な違いが明らかにできる ・データの保存ができ個人や他者との比較が可能 ・目標設定が立てやすく，競技者のモチベーションの向上につながる，など
欠点
・装置が高価 ・測定が煩雑で時間がかかる ・ある程度決められた測定しかできない，など
|問4
・関節可動域，柔軟性が回復すること ・筋力が回復すること ・疼痛がないこと ・関節腫脹がないこと ・再発防止策が講じられていること ・スポーツ基本動作が行えること
|問5
・競技者の性別 ・年齢 ・活動レベル ・モチベーションの高さ ・疲労度合い ・測定時の筋収縮様式 ・関節運動速度 ・テスト手順 ・測定装置の種類 ・分析するデータの違い，など
|問6
特定のウエイトマシンやベンチプレス，スクワットといった運動方法を決めて最大挙上負荷（1RM）や一定の負荷での運動を何回行うことができるかを測定する

7. 全身持久力の検査測定の目的と意義およびその具体的手法と測定指標

STEP 1
|問1
1. 最大酸素摂取量 血中乳酸値, 2. 最大心拍数 HRmax 負荷の上限 運動中の心拍数 負荷の割合, 3. 安全性 正確性 経済性, 4. 固定負荷法 間欠漸増負荷法 連続漸増負荷法 連続漸増負荷法

STEP 2
|問1
・肺のガス交換能力 ・心臓のポンプ能力 ・ヘモグロビン濃度 ・筋肉における酸素拡散能力 ・筋の酸素利用能力
|問2
①無酸素性作業閾値, ②血中乳酸濃度が急激に上がる点であり「乳酸ができるのは無酸素である」という考えのもとに名称がつけられた, ③乳酸性作業閾値, ④血中乳酸濃度の測定の際に安静時から徐々に運動強度（負荷）を上げていくと，ある強度を境にして急激に血中乳酸濃度が上がるポイント, ⑤換気性作業閾値, ⑥呼吸量と運動強度の関係をみると，LTが急激に上昇すると同じくして呼吸量も増えるようになり，この現象をVTという, ⑦血中乳酸濃度の上昇開始点, ⑧LTより少し上の強度で，維持（1～2時間）できる限界の運動強度を示す指標で，血中乳酸濃度が4 mmolになる強度をさす, ⑨最大酸素摂取量, ⑩一般的に1分間当たりに摂取する酸素量で表す（ml/分）か，体格の異なる個人の比較をするときは（ml/kg/分）で表す．有酸素性作業能力で測定を行うことで酸素運搬系の能力を評価することができる, ⑪最大心拍数, ⑫運動負荷を徐々に上げていき，もうこれ以上心拍数が上昇しないときの心拍数．実測以外にも，220－年齢（鍛錬者は210－年齢）などの推定式で求められる, ⑬安静時心拍数, ⑭安静時の心拍数であり，一般的に朝，寝起きの心拍数をとることが多い
|問3
無酸素性作業閾値（AT）
無酸素性作業中に乳酸ができるという考えのもと，血中乳酸濃度が急激に上がる点をATと考える
乳酸性作業閾値（LT）
無酸素性・有酸素性作業にかかわらず，安静時から徐々に運動強度（負荷）を上げていった際にある強度を境にして急激に血中乳酸濃度が上がる点をLTと考える
|問4
・安全性，正確性，妥当性，汎用性，大衆性，経済性などをほぼ満たしている ・文部科学省の体力測定で用いている ・漸増負荷によるexhaustionであるため短時間で計測できる，など
|問5
運動時の主観的負担度を数字で表したもので，自分の持っている能力の何％程度か，で考えるとよい

8. 敏捷性および協調性の検査測定の目的と意義およびその具体的手法

STEP 1
|問1
1. アジリティ クィックネス 巧緻性 コーディネーション, 2. 神経系要素の強いもの 筋力や動的柔軟性なども含めた総合的なもの 実験室的な測定 フィールドテスト, 3. 上体が大きくぶれる 支持脚の位置がずれる 腰に当てた手が離れる 眼を開く, 4. 動く方向 ステップの種類 ターンの角度

STEP 2
|問1
全身反応時間テスト
光刺激や音刺激など一定の知覚刺激を与えてから随意運動開始までの最短時間を計測するテスト
選択反応時間テスト
単純な知覚刺激で行う全身反応時間テストに比べ反応する選択肢が複数になることにより判断すること．身体の移動を伴う場合にはスキルの要素も加わる
|問2
敏捷性や協調性が劣ると相手のタックルを受けやすい．また相手のフェイントについていけずに，不十分な姿勢でのタックル動作に

なりやすい．敏捷性や協調性の能力は，パフォーマンスだけでなく外傷・障害の予防にも影響する

|問3
コンディショニングチェックの1つともなり，特にインシーズンにおいて連戦が続く際には，動きの切れや疲労のスクリーニングにもなる．得られる数値を適切に分析することにより，パフォーマンスの改善，外傷・障害の予防につながる

9．身体組成の検査測定の目的と意義およびその具体的手法

▶ STEP 1
|問1
1．脂肪　除脂肪，2．生体電気抵抗値　推定，3．体内の水分量　計測の時間帯　むくみの状態　膀胱内の尿の有無　除脂肪量，4．チャンバー　体重　体積　肺気量　身体密度　体脂肪と除脂肪

▶ STEP 2
|問1
体重は脂肪量と除脂肪量の合計であり，除脂肪量が多く，筋肉質な競技者であっても体重が多ければBMIが高くなるため，指数的には肥満と出てしまうこともあるため
|問2
・水中での競技者にとって皮下脂肪は浮力として重要である一方，ボディビルダーのように筋肉のカットをより美しく見せるためには皮下脂肪は不要であるなどスポーツ特性によって異なる　・重りとなってしまった不要の体重の体脂肪は下肢の関節に大きな負担となる　・女性アスリートにおける体脂肪減少は細胞組織やホルモンの生成に悪影響を及ぼし，月経異常などの原因となる
|問3
・ケガや病気で練習のできない競技者では筋量の低下と同時に体脂肪の増加が起こる　・下肢のリハビリテーション時の体脂肪増加は下肢への負担を多くする
|問4
・上半身裸になり，リラックスした立位姿勢をとる　・筋肉と分離するよう，皮膚と皮下脂肪のみをつまみ上げる　・つまんでいる指から1cm離れた部位の厚みをキャリパーで計測する．この際キャリパーのアームが計測部位に対して垂直になるように保持し，数値を素早く読み取る　・同部位で2～3回計測し，一致する数値をとるか近似値で平均値を求める

10．一般的な体力測定の検査項目とその目的と概要

▶ STEP 1
|問1
1．測定項目　測定方法　フィードバック，2．身体運動能力　総合的バランス　長期的，3．特性　環境　レベル　チームリーダー　コーチ　企画するスキル　運営計画を立案　フィードバック

▶ STEP 2
|問1
・競技力の向上　・障害の予防　・トレーニングの効果判定　・リハビリテーションを進めるうえでの評価　・タレント発掘，メンバー選考　・健康増進のための運動処方　・トレーニングに対する動機づけ
|問2
・競技レベル：一流競技者とスポーツ愛好家では体力レベルが異なる　・年齢：発育期，幼児，高齢者では最大心拍数なども異なり，測定方法などを変える必要性がある　・性別：男女によって体力レベルが異なり，性別特性などを考慮すべきである　・競技種目：運動特性を考慮した体力測定を行うべきである
|問3
できるだけ早いフィードバックは測定時により近い体力を評価できるため，ウィークポイントを早く指摘することができ，ケガの発生を予防することも可能である．また，測定データに優劣（ランキング）をつけたり，一流競技者のデータと比較して競技者の向上心をあおったりしてトレーニング意識を高めることも可能である
|問4
テストバッテリーとはテスト項目を意味し，数多くあるテストバッテリーの中からアスレティックトレーナーとして自身が担当する競技者に必要なテスト項目を測定目的に沿ってピックアップできるかが重要である
|問5
①競技特性によって発達している筋肉や体力要素が異なる，②心身の発達段階にある，③運動器や運動機能における老化による機能低下，④競技特性に見合った測定項目を選択することでパフォーマンス向上や外傷・障害予防に測定データを活用する，⑤一般的な体力測定に加え，生理機能，骨強度，循環機能の検査なども行われる，⑥ timed up & go test など．機能的状態でバランス能力をはかるため，⑦他の選手と数値で競わないよう指導が必要，⑧日々変容する発達段階にあることをふまえ，継続的・定期的にその発育・発達度合いを把握して測定を行うべきである，⑨慢性疾患や不顕性疾患を有していることがあるため，その把握をテスト前に行う．転倒防止などのためテスト人員の配置に十分配慮する必要がある，など

C スポーツ動作の観察と分析

1．評価におけるスポーツ動作の観察・分析の目的と意義

▶ STEP 1
|問1
1．発生予防　メカニズムの解釈　アスレティックリハビリテーション

▶ STEP 2
|問1
・競技に関する基礎的な知識：競技環境，競技ルール，競技特性（バイオメカニクス，体力特性）　・競技の動作を観察・分析する観察スキル（観察眼）の確保　・目前の競技者の課題に対して，一般的知識や観察・分析を通じて個別的に応用活用する能力

2．歩行のバイオメカニクス

▶ STEP 1
|問1
①両脚支持期（double support），②単脚支持期（single support），③両脚支持期（double support），④重複歩（stride），⑤踵接地，⑥足底接地，⑦踵離地
|問2
1．完全伸展　屈曲　二重膝作用

▶ STEP 2
|問1

3．歩行動作に影響する要因

▶ STEP 2
|問1
股関節の内転が起こる異常歩行パターンの代表例．中殿筋の筋力低下によって片方の立脚相に反対側の骨盤が下がるのが特徴

4．走動作のバイオメカニクス

▶ STEP 1
|問1
1．サポート期　リカバリー期　62　31　22　浮遊相（float phase）
|問2
①回外，②回内，③回外，④外旋，⑤内旋，⑥外旋，⑦内反，⑧外反，⑨内反

▶ STEP 2
|問1
①足底の一部が路面に接地する瞬間の位相，②足部が路面に接地し体重を支持して，踵部が路面から離れる直前までの期間，③踵部が路面から離れて足趾が路面を離れるまでの期間，④足底部が路面を離れて下肢の後方への運動が止まるまでの期間，⑤下肢が後方から前方に移動する期間，⑥足底が接地する直前の位相
|問2
①腸骨筋，②大殿筋，③中殿筋，④長内転筋，⑤大腿四頭筋，⑥ハムストリングス，⑦腓腹筋

5．走動作に影響を与える機能的，体力的要因

▶ STEP 1
|問1
①肘上がりの腕振り，②伸展，回旋，③前傾，④内転，内旋，⑤屈曲，⑥底屈

▶ STEP 2
|問1
①外転筋の筋力低下，外転の可動域制限，②外旋筋の筋力低下，外旋の可動域制限

③内側広筋の筋力低下，④外側ハムストリングスの優位な筋活動，⑤背屈制限による代償運動，⑥内反不安定性，外反不安定性，⑦足底筋膜の緊張低下，後脛骨筋・腓骨筋の機能低下

問2

舗装路
排水口に向かって傾斜があるため，高いほうの距骨下関節の回内が大きくなり，低いほうの回内が小さくなる

曲走路
内側に位置する下肢は knee-in & toe-out，外側に位置する下肢は knee-out & toe-in を呈しやすい

6. 外傷の発生機転となるような走動作の特徴とメカニズム

STEP 2

問1

ハムストリング
forward-swing から foot-discent までの遠心性収縮と，その後の foot-strike から mid-support の求心性収縮の切り返しで発生する．股関節伸展運動が制限されると前方推進力の低下を膝関節屈曲運動で，さらに take off では足関節底屈で代償するためハムストリングスにより強い求心性収縮が求められ発生しやすくなる

下腿三頭筋
foot-discent から mid-support までの遠心性収縮から take off での切り返しで強い求心性収縮を求められ発生する

問2
①距骨下関節過回外での foot-strike，②take off から follow-through にかけて股関節内転・内旋が強くなるフォーム

7. ストップ・方向転換動作のバイオメカニクス

STEP 1

問1
1．移動歩数　ピボット　素早い左右への動き　サイド　クロスオーバー　ピボットターン

STEP 2

問1
①相手の動きに対して素早く止まれる，②・関節に加わる応力が大きい　・相手の動きへの反応が遅くなりやすい，③・筋・関節に加わる応力が小さい　・相手競技者の動きに反応し step の転換が行いやすい，④停止までの時間と距離を要する

問2
①移動スピードが比較的早い，②滞空時間が長く，相手の動きに対する反応速度が遅れやすい，③滞空時間が短く，素早い相手の動きに反応できる，④移動スピードが比較的遅い，⑤・移動スピードは非常に早い　・相手競技者の縦方向への進行に対しても対応しやすい，⑥・反応時間が遅くなる　・大きな筋力が必要

問3
①身体のターン（進行方向は同一で身体の向きが変わる），②体幹の前屈傾向やムダな上肢の動きなどがあると回転がスムーズにいかなくなる，③進行方向のターン（身体の向きは同一で進行方向が変わる），④回転半径が小さいほど遠心力が大きく作用するため，下肢・体幹にはそれに耐える筋力が必要

8. ストップ・方向転換動作に影響を与える機能的，体力的要因

STEP 1

問1
1．前方　体幹部は前傾　あおり現象　次の動作への転換　前方　体幹後方筋群

問2
1．素早い　スピードコントロール　進行方向の転換　進行方向の転換　下げる　スピードコントロール　回旋スピード　相手競技者へのコンタクトの強さ

STEP 2

問1

トレンデレンブルグ肢位
片脚支持の際に股関節より上部の身体の重量が作用する前額面上の回転力を抑えきれずに，遊脚足側の骨盤が低下する方向のアライメント変化をきたす．骨盤内方変位，体幹の遊脚足側への傾き，膝関節内反・内旋傾向となる．さらに骨盤の前額面上での回転が大きくなると骨盤を立脚足側に外方変位させるため大腿骨内転位，膝関節外反傾向，骨盤の後方回旋を起こし大腿骨は相対的に内旋位を示し，立脚側の膝関節は外旋が誘発される

デュシャンヌ肢位
片側立脚時のバランス不良を防止するために，体幹を立脚足側に傾けて股関節より上部の重心の中心を股関節に近づけ体重支持しようとする代償動作．骨盤の立脚側への側方変位が誘発されるため大腿骨の内転・内旋が起こりやすく，膝関節は外反・外旋位になりやすい

9. 跳動作のバイオメカニクス

STEP 1

問1
1．重力　下方向に牽引　以上　地面，2．筋が短縮すること　腱　筋は等尺性収縮　弾性エネルギーの再利用

STEP 2

問1
走高跳やバレーボールのスパイク，バスケットボールのリバウンドなどのように鉛直方向への移動が目的となる跳動作と，走幅跳や三段跳などのように水平方向への移動が目的となる跳躍に大別できる

10. 跳躍動作に影響を与える機能的，体力的要因

STEP 1

問1
1．stretch-shortening cycle　SSC

STEP 2

問1
跳躍運動では踏切における鉛直速度を獲得するために踏切脚以外の四肢を素早く引き上げることが重要であり，そのための筋群を強化するためにクリーンやスナッチなどのトレーニングが多用される

問2
助走によって得られた水平方向の身体重心移動速度を垂直方向へ効果的に変換するために，弧を描くような助走を行うが，これは踏切準備局面において曲線の内側に身体を傾ける内傾動作を行うためであり，後傾動作と相まってその後の踏切で強大な起こし回転力を生み出すために必須の技術である

問3
①水平方向の身体重心移動速度を垂直方向へと変換しなくてはならず，離地時における鉛直方向速度が重要である，②助走と同様の水平方向への跳躍距離を競うため，助走速度がパフォーマンスに重要な要因となる，③脚の屈伸力よりも起こし回転力が重要である，④踏切一歩前の支持脚離地時の水平速度を上げるためには，支持脚による腰の送り動作が重要である，⑤背面跳では，強い地面反力を得るために股関節の外転筋群が重要であると同時に，四肢を素早く引き上げるための筋群も重要である，⑥助走における最大疾走速度に加えて，高速で動いている身体をコントロールしながら踏切へ向かう身体能力が必要である

11. 外傷の発生機転となるような跳動作の特徴とメカニズム

STEP 1

問1
1．作用点　アーチ，2．距骨　舟状骨　3つの楔状骨　3本の中足骨　たわみ　変形すること　緩衝作用

STEP 2

問1
競技者は踏切脚を前方へ突っ張り，急激なブレーキングをかけることで，起こし回転を利用して踏み切るのだが，このとき足部に強い回内および外転力が加わり，過度の外反が強制された際に，反捻挫が発症すると考えられる

12. 投動作のバイオメカニクス

STEP 1

問1
1．全身の運動連鎖，2．タイミング　上位

問2
①早期コッキング期，②後期コッキング期，③加速期

STEP 2

問1
①早期コッキング期，②最大挙上したステップ脚を投球方向に踏み出し接地するまで，③後期コッキング期，④ステップ脚が接地してから，投球側の肩関節が最大外旋位を呈するまで，⑤加速期，⑥投球側の肩関節が最大外

旋した位置から投球方向に加速し，ボールをリリースするまで，⑦ボールをリリースして以降，減速動作を行い，投球動作が終了するまで

13. 投動作に影響を与える機能的，体力的要因

STEP 1
問 1
①頭部アライメント，②肩甲帯アライメント，③胸椎アライメント，④腹筋群筋力，⑤骨盤アライメント，⑥殿筋群筋力，⑦股関節屈曲筋力，可動域，⑧膝関節筋力（内側広筋），⑨足関節安定性，⑩足部アーチ，⑪小趾アライメント，⑫母趾アライメント

14. 外傷の発生機転となる投動作の特徴とメカニズム

STEP 4
問 1
❶後期コッキング期 ❷加速期 ❸外旋 ❹外反 ❺前方

15. あたり動作のバイオメカニクス

STEP 1
問 1
1. 等しい　押し　同時　推進力　協調，2. 屈曲　摩擦力　高い　上方，3. 前頭部下げ　前傾　同時，4. 運動量　衝撃吸収　固定力　脇　下制，5. 技　変化　構え　支持基底面　ワイドベース　低重心　膝屈曲位を保つ　膝伸展　股関節伸展

STEP 2
問 1
"あたり"は人体による衝突である．質量Mが速度Vで運動するときの運動量Pは，P=MVで表される．したがって，「体重が重くて速い競技者のほうが強くあたることができる」「体重の軽い競技者であっても，十分速い速度を持ってあたることによって体重の重い競技者に勝つことができる」といえる

問 2
相手の引き技に柔軟に対応するコツとして，上肢，主に肩関節の屈曲によって常に相手を上方に押し上げるような押し方が重要である．これは相手の重心を上方に移動させることとともに，その反作用によって自分自身が低重心を保ち，自分の足部を骨盤の下方付近に保つため有効である

16. あたり動作に影響を与える機能的，体力的要因

STEP 1
問 1
1. 瞬発力　重心移動速度　一歩（踏み込み）の速さ，2. 地面　相手　反作用　剛体化，3. 瞬発的　弱める　酸素負債

STEP 2
問 1
運動量は体重に比例することから，体重の増加はあたりの強化にきわめて有効な体力的要素ではあるが，パフォーマンス上必ずしも有利に作用しない場合もあるため，筋力や他の体力レベルとのバランスを考慮して目標体重を設定するべきである．身長の高い選手は一般に重力が高いが，股割り，低重心，体幹固定，上肢の使い方の習熟などにより相手の押しをコントロールできるようになると重心の高さは問題なくなるといわれる

問 2
コンタクトプレーにおいて良好なフォームを保つための基本として，腹筋群と背筋群との同時収縮による体幹固定，頸部周囲筋の同時収縮による頸部固定，肩甲骨下制を保持することによる肩甲帯・肩関節固定，ワイドベースを保つための股関節外転位保持などがあげられ，これらによって自分の身体を剛体化し，全身の運動量を効果的に相手に伝達することができる

問 3
あたりの瞬間には身体の固定と前方への重心移動が重要であり，これらを最適化するためにはタイミングを考慮する．一般には踏み込み足が地面を叩く瞬間に相手にヒットするのが理想とされ，踏み込みと上肢によるヒットのタイミングを一致させることが重要である

17. 外傷の発生機転となるようなあたり動作のメカニズム

STEP 1
問 1
1. 伸展　屈曲　圧迫，2. 直線化　腹筋群　背筋群，3. 外旋　伸展　前方脱臼　重心移動　踏み込み方　下制，4. 側方　外側　受身

STEP 2
問 1
頭部外傷の予防のためには上肢によるコンタクトに習熟するとともに，体幹・頸部の固定方法を確実にマスターすることが重要である

公認アスレティックトレーナー専門科目テキスト **ワークブック**

検査・測定と評価   定価(本体2,000円+税)

2011年1月27日　第1版第1刷発行
2011年2月25日　　同　第2刷発行

- ■監修者　財団法人 日本体育協会指導者育成専門委員会
　　　　　アスレティックトレーナー部会

- ■編集者　片寄正樹(かたよせまさき)

- ■発行者　浅井宏祐

- ■発行所　株式会社文光堂
　　　　　〒113-0033
　　　　　東京都文京区本郷7-2-7
　　　　　電話　(03) 3813-5478 (営業)
　　　　　　　　(03) 3813-9591 (編集)
　　　　　URL http://www.bunkodo.co.jp/

- ■印刷所　広研印刷

ISBN978-4-8306-5172-4

© 財団法人 日本体育協会・片寄正樹, 2011
Printed in Japan

乱丁・落丁の際はお取り替えいたします．　　　　　　　　　　　　　［検印省略］

- ・本書の複製権・上映権・譲渡権・翻訳権・翻案権・送信にかかわる権利・電子メディア等で利用する権利は，株式会社文光堂が保有します．
- ・JCOPY＜(社)出版者著作権管理機構　委託出版物＞
本書の無断複写は著作権法上での例外を除き禁じられています．複写される場合は，そのつど事前に，(社)出版者著作権管理機構(電話 03-3513-6969, FAX 03-3513-6979, e-mail : info@jcopy.or.jp)の許諾を得てください．